Dan ga je toch tomaten plukken?!

© Copyright 2021, Robin Prijs
Dan ga je toch tomaten plukken?!;
Een persoonlijk inzicht in de bijstandsaffaire

Fotografie: Anco van der Kolk
Vormgeving: Robin Prijs
Uitgever: Robin Prijs, op persoonlijke titel

ISBN: 9798707997877

Contactgegevens:
Robin Prijs
Zonder vaste woon- of verblijfplaats
Nederland

E-mail: bijstandsaffaire@gmail.com

Dan ga je toch tomaten plukken?!

Robin Prijs

INHOUD

Voorwoord	9
1. Ik worstel en kom boven	13
2. De financiële crisis	21
3. Tomaten plukken	29
4. Papier prikken	37
5. Werk maakt vrij	43
6. Van de straat	51
7. Verstrikt in 'het laatste vangnet'	59
8. Voor de tweede keer dakloos	67
9. Bemiddeling	75
10. De bodemzitting	83
11. Een transparante overheid	93
12. De uitzending	101
13. Doorgelicht	109
14. Factor 10	119
15. Niet alleen	127
16. Mensenrechten	135
17. Overtreding van de wet	147
18. Dehumanisatie	155
19. Niet onze vijand	163
Brief aan Zijne Majesteit De Koning	171

"DE MORELE TEST VAN EEN OVERHEID IS HOE DIE OVERHEID DEGENEN BEHANDELT DIE AAN HET BEGIN VAN HET LEVEN STAAN, DE KINDEREN; DEGENEN DIE IN DE SCHEMERING VAN HET LEVEN ZIJN, DE OUDEREN; DEGENEN DIE IN DE SCHADUW VAN HET LEVEN ZIJN; DE ZIEKEN, DE BEHOEFTIGEN EN DE GEHANDICAPTEN."

HUBERT HUMPHREY
VICEPRESIDENT VAN DE
VERENIGDE STATEN
(1965-1969)

VOORWOORD

Inmiddels zijn er al diverse berichten over de bijstandsaffaire in de media verschenen. Deze berichten zijn nog maar het begin van wat er nog komen gaat. De berichten die er zijn verschenen zijn vrijwel allemaal van journalisten, onderzoekers, advocaten of bewindslieden afkomstig. Zelden hoor je iets vanuit de groep waarover gesproken wordt. Hoewel het bijzonder fijn is dat er diverse mensen zijn die zich uitspreken over de bijstandsaffaire, mist het vaak toch nog aan de getuigenissen van mensen die het zelf hebben moeten doorstaan. Uit de vele gesprekken die ik inmiddels gehad heb kan ik alleen maar opmaken hoezeer mensen in de bijstand zich ervoor schamen dat ze überhaupt al in de bijstand zitten, laat staan dat ze ook nog het onderwerp van een fraudeonderzoek zijn geworden. De overgrote meerderheid spreekt er daarom ook niet over en laat alles het liefste zo snel mogelijk stilletjes voorbijgaan. Weer een andere groep is bijzonder angstig voor mogelijke represailles en houd zich daarom maar liever koest.

Het schrijven van dit boek is niet iets wat ik met trots heb gedaan. Ook ik schaam me voor het feit dat ik in de bijstand heb gezeten en bovendien ben aangemerkt als fraudeur. Eerlijk gezegd had ik mijn leven iets anders voorgesteld op 41 jarige leeftijd. Die voorstelling ligt echter verre van de werkelijkheid, een werkelijkheid waarin mijn vrouw en ik nu al drie jaar lang dakloos zijn en zojuist aan het vierde jaar zijn begonnen. Het is niet iets waar je trots over verteld. Ik stond er ook niet om te springen om mijn verhaal van de daken te schreeuwen of om überhaupt de publiciteit te zoeken. Je weet van tevoren dat ook de overheid, in ons geval dan met name de Gemeente Dordrecht en haar Sociale Dienst Drechtsteden, er alles aan zal doen om onze naam nog verder te besmeuren, in haar poging verder gezichtsverlies te voorkomen. Het ene moment ben je een ondernemer en lopen de zaken goed. Je hebt allerlei soorten screenings op hoog niveau doorstaan om met diverse vertrouwelijke opdrachten aan de slag te mogen gaan en staat binnen je hele netwerk bekend als een zeer betrouwbaar persoon. Het leven lacht je toe. Slechts enkele jaren later sta je op straat en ben je opeens fraudeur. Dat soort verhalen vertel je niet op verjaardagsfeestjes. Mijn goede naam, eer en reputatie zijn volledig besmeurd en kapot gemaakt. Toch kon ik niet stil blijven. Zeker niet toen ik begon in te zien wat de omvang van de bijstandsaffaire is en hoezeer het nodig is dat er meer informatie naar buiten komt over het handelen van onze overheidsinstanties en over hoe dit ervaren wordt door de bijstandsgerechtigden zelf.

Op maandag 26 oktober 2020 werd op NPO 2 een aflevering van het televisieprogramma De Monitor uitgezonden, met als titel 'Dakloos na conflict met Sociale Dienst'. Die aflevering ging over de casus van mijn vrouw en mij. Het was de eerste grote stap om meer bekendheid te geven aan wat er met ons is gebeurd en hoe wij door onze toenmalige sociale dienst zijn behandeld. In onze casus stelde de Sociale Dienst Drechtsteden onder andere dat er door ons niet zou zijn voldaan aan de wettelijke informatieplicht. Deze plicht stelt dat je al je activiteiten steeds moet blijven melden, zolang je afhankelijk bent van de bijstand. In ons geval was door mij ook aan die plicht voldaan, maar waren al die e-mails op mysterieuze wijze verdwenen. Dat kwam ook wel erg goed uit, want daarmee kon men vervolgens een onrechtmatig onderzoek naar een Christelijke stichting starten, waar wij zitting hebben in het bestuur. Een onderzoek dat overigens nooit is afgerond. In de uitzending werd, na een gedegen onderzoek, eindelijk duidelijk dat al mijn e-mails wel degelijk echt bleken te zijn. Niet alleen dat, maar na de uitzending is tevens boven water gekomen dat de Drechtsteden zich zelf al jarenlang stelselmatig niet aan de wet- en regelgeving hebben gehouden in het kader van de Archiefwet. Dat bleek uit meerdere rapportages die ik heb teruggevonden, waarin steeds weer melding wordt gemaakt van het feit dat vrijwel alle e-mails van cliënten steeds maar zoek raken en spoorloos verdwijnen. Cliënten die vervolgens in rechtszaken verwikkeld raken en te horen krijgen dat zij de inlichtingenplicht hebben geschonden, terwijl de nalatigheid volledig te wijten is aan de ambtenaren van de Drechtsteden. Maar is dit alles? Nee. Was dat maar zo. Het is slechts het topje van de ijsberg.

Het zou betrekkelijk eenvoudig zijn om dit boek als een platform te gebruiken om wraak te nemen op de betrokken ambtenaren, wiens handelen ertoe hebben geleid dat wij nu al ruim drie jaar dakloos zijn. Toch is dat niet het doel van dit boek. Hoe verder ik zocht, hoe meer ik ging zien dat we hier niet te maken hebben gehad met een stel losgeslagen ambtenaren, maar met een vreselijk beleid dat landelijk ten uitvoer wordt gebracht. Op dat niveau moeten we de bijstandsaffaire dan ook bekijken. Het is dat beleid wat de betrokken ambtenaren in staat stelt om zichzelf de superieure hoogmoedige houding aan te meten en om bijstandsgerechtigden als minderwaardige mensen te beschouwen. Dit laatste blijkt overigens niet uit wat ze zeggen, maar uit hoe zij met mensen omgaan. Daarom heb ik er heel bewust voor gekozen om de namen van alle ambtenaren uit onze casus volledig achterwege te laten. Dit is geen persoonlijke vendetta, noch dat ik één van deze ambtenaren iets kwaads toewens. Om alles zo consistent mogelijk te houden heb ik tevens vrijwel alle andere namen ook maar achterwege gelaten, om daarmee te voorkomen dat de nadruk teveel op de betrokken ambtenaren komt te liggen. Zij zijn niet het probleem, zij zijn slechts een onderdeel van een veel groter probleem.

Dit boek is geen onderzoeksrapport, dus met die verwachting mag je het ook niet lezen. Om die reden heb ik het boek ook heel bewust de subtitel 'Een persoonlijk inzicht in de bijstandsaffaire' gegeven. Want dat is wat het is. Een persoonlijk inzicht. Een persoonlijke ervaring. Weet dat die ervaring gekleurd kan zijn en dat het wellicht niet op alle plaatsen is gelukt om een emotie achterwege te laten. Ik denk dat het op bepaalde plaatsen ook wel goed is om een stukje emotie te kunnen zien, want niets van dit alles gaat je in de koude kleren zitten. En koude kleren hebben wij niet alleen figuurlijk gehad in de afgelopen jaren. Mocht je op enig moment wel de indruk krijgen dat ik op de persoon aan het schrijven ben, vervang dat in gedachten dan even door het beleid, want dat is wat ik ermee bedoel. De mensen met wie wij te maken hebben gehad vertegenwoordigen dat beleid, dus het kan soms lijken dat ik het over hen heb, waar ik feitelijk het beleid bedoel. Dit boek is dan ook een roep om transparantie. Een roep om meer menselijkheid. Wat daar dan de conclusies van zouden moeten zijn laat ik aan jou. Mijn hoogste doel is om mijn publiek een unieke inkijk te geven in wat er precies met je gebeurt wanneer je in de bijstand terecht komt. Wanneer ik dat doel heb bereikt, dan is dit boek wat mij betreft al succesvol.

HOOFDSTUK 1
IK WORSTEL EN KOM BOVEN

"Hé, Prijs!" Met een goed humeur en guitige ogen kwam hij mijn kantoor binnenlopen en plofte neer in een stoel. Om zich heen kijkend begon hij een praatje te maken. Glimlachend ging ik het gesprek met hem aan. Dit was altijd een leuk moment van de dag voor mij. De man tegenover mij was mijn manager. Het was 2007 en ik was werkzaam als interim recruiter bij de HR afdeling van een bekende financiële instelling. Na enkele minuten kletsen kwam hij ter zake. "Je moet even wat voor me doen, Prijs. De vader van onze stagiaire is al enige tijd werkeloos en ik heb haar beloofd dat hij bij ons op gesprek mag komen en dat we gaan kijken of we iets voor hem kunnen betekenen. Zou jij dat even willen oppakken? Ik hoor graag hoe het afloopt." Terwijl hij nog sprak gooide hij het cv op mijn bureau en was alweer onderweg naar de uitgang. Nog steeds lachend schudde ik mijn hoofd en pakte het cv. Het kwam er op neer dat ik het gesprek met deze man aan mocht gaan en moest beoordelen in hoeverre hij binnen de organisatie zou passen. Ach, waarom ook niet? Als we iemand kunnen helpen...

Zodra de manager vertrokken was pakte ik mijn telefoon en maakte direct een afspraak met deze man, welke enkele dagen later zou gaan plaatsvinden. Het was me al opgevallen dat er inderdaad een redelijk gat op zijn cv stond. De man was al enige jaren werkeloos en zat in de bijstand. Tja, ik moet bekennen dat ik zo mijn bedenkingen had, maar dat was voornamelijk vanwege de vele vooroordelen die de ronde doen in onze maatschappij. Ook had ik een vrij uitgesproken mening over mensen in de bijstand. Een mening die ik vaak voor me hield, maar niet altijd. Zo was ik de mening toegedaan dat wanneer je echt wil, dat je altijd werk kunt vinden. Desnoods ga je toch tomaten plukken? Dan heb je in ieder geval weer een inkomen en kun je vanaf daar een baan zoeken die je beter bij je vind passen. Mensen met een gat op hun cv, dat wil zeggen dat er enkele jaren van werkeloosheid op staat, begonnen bij mij in principe al met een achterstand op de overige kandidaten. Vreemd eigenlijk, want de mensen die echt willen werken zijn juist meer gemotiveerd als ze de kans krijgen om aan de werkeloosheid te ontsnappen. Het is de kunst om als recruiter in staat te kunnen zijn om uit die groep van bijstandsgerechtigden de mensen te (leren) herkennen die wel echt aan het werk zouden willen. Door de jaren heen ben ik gaan inzien dat die groep verrassend groot is en zelfs de meerderheid van de bijstandsgerechtigden blijkt te zijn. Daar tegenover staat dan weer dat de algemene beeldvorming is dat mensen in de bijstand niet willen werken, dus hoe kunnen zij dan gemotiveerd zijn?

De dag van het gesprek was aangebroken en ik was erg benieuwd wat voor persoon ik tegenover mij zou gaan krijgen. Natuurlijk wilde ik iedereen met hetzelfde respect behandelen, dus dat zou bij deze man niet anders zijn. Daarbij kwam natuurlijk ook dat dit de vader van onze stagiaire was, waardoor ik toch iets extra mijn best wilde doen om te kijken wat er mogelijk zou zijn. Met een luid geluid liet de telefoon op mijn bureau zien dat de beveiliging mij probeerde te bereiken. Mijn afspraak was gearriveerd. Bij de ingang aangekomen trof ik een aardige en rustige man, die geduldig op mij zat te wachten. Na een korte kennismaking nam ik hem mee naar een spreekkamer en het gesprek kon beginnen. Ik kon nou niet zeggen dat ik de indruk had met iemand te maken te hebben die niet wilde werken. Op mij kwam hij over als iemand die erg graag weer aan de slag zou willen gaan. Bovendien was het ook een erg vriendelijke man en ervoer ik het gesprek als erg prettig. Tegelijk constateerde ik echter ook iets anders. Deze man maakte op mij een compleet uitgebluste indruk. Alsof al het zelfvertrouwen en de hoop op een mooie toekomst weg waren. Zijn gelaatsuitdrukking was mat en het leek bijna alsof hij al verwachtte dat ik hem af zou gaan wijzen. Later begon het mij op te vallen dat vrijwel alle kandidaten met een bijstandsuitkering dezelfde uitstraling hadden en net zo uitgeblust overkwamen als deze man. Door de jaren heen ben ik ook steeds beter gaan begrijpen waarom.

Na afloop van het gesprek was ik van zijn vaardigheden en motivatie overtuigd, maar moest ook in alle eerlijkheid concluderen dat het waarschijnlijk een paar maanden zou gaan duren voordat hij die uitgeblustheid kwijt zou zijn en weer wat zelfvertrouwen hervonden zou hebben. Wat mij betreft durfde ik die uitdaging wel aan, maar ik moest het natuurlijk ook nog kunnen verkopen aan de managers van de afdelingen waar hij aan de slag zou kunnen gaan. Die bleken niet toe te willen happen en waren bijzonder terughoudend. Ook dat was weer te begrijpen, want de werkdruk was al aan de hoge kant en nieuwe collega's zijn er natuurlijk om die druk te doen afnemen. Er waren diverse kandidaten die ook aan het profiel voldeden, direct aan de slag konden gaan en geen speciale aandacht nodig hadden. De betreffende managers kozen uiteindelijk voor de snelste oplossing en in de lijn van zijn verwachting, moest ik de vader van onze stagiaire zijn zoveelste afwijzing geven. Dat deed ik in dit geval niet graag, want ik had hem graag de kans gegeven.

In die tijd was ik niet alleen werkzaam als interim recruiter, ik had ook mijn eigen onderneming in de werving & selectie van IT en HR professionals. Dit deed ik samen met een aantal personeelsleden. Op één dag in de week kwam ik naar kantoor, onder andere voor de wekelijkse teammeeting, en de rest van de week zat ik, zoals dat heet, op een on site interim opdracht, terwijl mijn personeelsleden en collega's mijn kantoor bemande. Ik vond het heerlijk om zo bezig te zijn, dus het interesseerde me ook niet dat dit alles mij zo'n 80 uur per week kostte. Toch was ik niet zomaar in die positie terechtgekomen en was het tevens ook niet mijn eerste onderneming. Het was namelijk reeds mijn derde poging, dus ik had al een aantal manieren uitgevonden waarop het niet moest.

Mijn leven is niet makkelijk geweest en ik heb niets vanzelf aangedragen gekregen. Natuurlijk is dat niet leuk en zijn er diverse momenten geweest waar ik enorm baalde en/of terneergeslagen was. Toch zal je mij niet horen klagen. Hoewel vele momenten niet leuk waren, heb ik door de jaren en tegenslagen heen, ervaringen en wijsheden opgedaan die ik op geen enkele andere wijze zo had kunnen leren. Dan heb ik het natuurlijk over zeer waardevolle ervaringen. Daarom zie ik mezelf ook niet als slachtoffer, maar als een bevoorrecht iemand.

In mijn kinder- en tienerjaren lukt het mij nooit zo goed om mee te komen op school. Voor mijn medeleerlingen was ik een buitenstaander en ideaal pestslachtoffer, op het gebied van leren duurde het in het begin meestal even voordat ik iets goed kon onthouden. Dat bleek later voornamelijk te maken te hebben met concentratieproblemen en het niet goed functioneren van mijn kortetermijngeheugen. Ik kan je zeggen dat die combinatie behoorlijk irritant is. Daar tegenover stond dat mijn langetermijngeheugen dan weer zeer goed functioneerde. Maar waar iemand onder normale omstandigheden een half uur nodig had om iets uit zijn hoofd te leren, had ik meestal twee uur nodig. En dan nog was de kans aanwezig dat ik delen 'vergat'. Hoewel ik door de jaren heen wel steeds beter heb geleerd om daarmee om te gaan, heeft dit mij mijn gehele schoolperiode achtervolgd. Toch was het uiteindelijk het pesten waardoor ik de handdoek in de ring heb gegooid en van school af ben gegaan, zonder diploma te hebben behaald. Ik kan me ook nog heel goed herinneren hoe dat ging. Op een dag stonden mijn klasgenoten en ik voor een klaslokaal, te wachten tot de docent zou komen en de deur open zou maken. Het was op dat moment dat één van mijn klasgenoten het wel grappig vond om mijn tas af te pakken en de inhoud daarvan door de hele gang te gooien. Voor mij was het de welbekende druppel, na vele jaren van gepest zijn. Terwijl zij lachend het lokaal inliepen, wat de docent zojuist had geopend, kroop ik op mijn knieën door de gang om mijn spullen te verzamelen. Daarna stond ik op, liep de school uit en ben nooit meer teruggegaan. Genoeg was genoeg.

Alles wat ik je zojuist heb opgesomd is een ideaal excuus voor falen en om bij de pakken neer te blijven zitten. Dat zit echter niet in mijn karakter. Door de jaren heen heb ik geleerd dat als iets niet lukt, er diverse andere manieren moeten zijn waarop het wel kan lukken. In de eerste plaats vond ik een baan waar ik zonder diploma's aan de slag kon gaan. Dat was een baan als productiemedewerker. Natuurlijk was dit niet mijn droombaan en op diverse momenten vond ik het verschrikkelijk om dat werk te moeten doen, maar het was werk en ik had voor het eerst mijn eigen inkomen. Naast die baan begon ik steeds meer actief te worden bij onze lokale omroep, waar ik wekelijks diverse radioprogramma's maakte, die uiteindelijk deel begonnen uit te maken van de best beluisterde programma's van de omroep. Voor het eerst in mijn leven had ik iets gevonden waar ik echt in uit kon blinken en waar ik goed in kon zijn, zonder commentaar of afbrekende kritiek. Het was mijn grote droom om ooit voor de landelijke media te mogen werken en tot op de dag van vandaag is het dat nog steeds. Ik vind het heerlijk om bezig te zijn met radio en televisie, dat is echt mijn grootste hobby. Maar was die droom realistisch? Tja, ik wist ook wel dat die kans maar zeer beperkt zou zijn. Met name voor iemand zoals ik, zonder een afgeronde opleiding. Naast mijn grootste hobby had ik echter ook nog een op één na grootste hobby. Computers.

Al snel had ik door dat het productiewerk mij doodongelukkig maakte en dat ik dat niet voor de rest van mijn leven wilde blijven doen. In die tijd was ik in de veronderstelling aardig wat van computers af te weten, dus hoe moeilijk kon het zijn om daar een baan in te vinden? Juist. Dat bleek dus vrij moeilijk te zijn, want geen opleiding. Maar ik had mijn focus gericht op een baan in de IT en ging dat niet zomaar loslaten. Het alternatief was namelijk de rest van mijn leven als productiemedewerker doorbrengen. Nu is dat zeker geen minderwaardig beroep, maar het is echter niet voor mij weggelegd. Ik werd er vrij letterlijk doodongelukkig van en zag het leven niet meer zitten. Als één van de weinige mensen in ons dorp beschikte ik al wel over internet en begon ik op zoek te gaan naar een andere baan. Het was eind jaren '90, dus de timing voor een baan in de IT was perfect. De ene na de andere sollicitatie werd verzonden. Een enkeling nam de moeite een afwijzing te sturen, maar de meeste bedrijven namen niet eens de moeite om te reageren. In plaats van op te geven, besloot ik nog harder mijn best te doen en op zoek te gaan. Ik stuurde tientallen sollicitaties naar IT bedrijven. Die tientallen werden er uiteindelijk honderden. Maar opgeven? Dat nooit. Maanden gingen er voorbij, zonder enig resultaat, totdat ik opeens werd uitgenodigd voor een gesprek. Tot mijn grote verassing ging dat gesprek de goede kant op en per 1 maart 2000 kreeg ik mijn eerste baan in de IT aangeboden, als helpdeskmedewerker.

Al snel kwam ik er achter dat de uitgebreide kennis die ik dacht te hebben maar zeer minimaal was en dat er nog een hoop te leren was. Maar ik was leergierig, dus ik nam alles in me op wat ik tegenkwam. Zes maanden later eindigde mijn contract op de helpdesk en kreeg ik een nieuwe baan bij KPN Telecom. Ik ontwikkelde mezelf van helpdeskmedewerker naar operational support en vanaf daar naar Microsoft Systeembeheerder. Het werk was perfect voor mij en ik genoot van ieder moment. Het kostte me dan wel minimaal vier uur reistijd per dag, maar het was iedere minuut waard. In 2003 kwam hier echter een einde aan, door de reorganisaties bij KPN. Op dat moment kreeg ik echter de kans om mijn droom te verwezenlijken. Ik kreeg namelijk de mogelijkheid om een radiostation te kopen. In mijn enthousiasme sprak ik al mijn tegoeden aan en kocht het radiostation en de bijbehorende studio. Al spoedig bleek echter dat ik was opgelicht en kwamen er lijken uit de kast vallen, zoals dat dan heet. Er bleek een grote stapel aan onbetaalde rekeningen te zijn, waarvoor ik op bleek te draaien. In mijn jeugdige enthousiasme en gebrek aan ervaring met bedrijfsovernames, was de aansprakelijkheid voor oude schulden nergens voldoende afgedicht. Een jaar na de overname ging het dan ook weer ten onder, vergezeld met een behoorlijke schuld.

Na een korte periode teruggekeerd te zijn naar een baan in loondienst als systeembeheerder, besloot ik opnieuw uit te stappen en begon mijn volgende onderneming. Ditmaal besloot ik me maar te richten op de IT, waar ik toch wat meer kennis en ervaring in had inmiddels. De resultaten van die onderneming bleken nog niet eens tegen te vallen, maar echt veel bracht het ook weer niet op. Toen ik een half jaar later een aanbod kreeg van een IT bedrijf besloot ik deze dan ook te accepteren en beëindigde de onderneming. Ditmaal werd de onderneming echter zonder schulden beëindigd. Het was in deze nieuwe functie dat ik werd gevraagd om te assisteren bij het recruitment.

Tot op dat moment had ik me nog nooit beziggehouden met werving en selectie, maar al snel bleek ik daar succesvol in te kunnen zijn. Waarschijnlijk kwam dit omdat IT professionals toch een aparte groep mensen zijn met een geheel eigen denkwijze. Als IT professional kon ik daar goed op aansluiten en wist ik kennelijk de juiste argumenten te gebruiken om goede IT professionals te werven. Door de jaren heen had ik ook een bovengemiddelde interesse ontwikkeld voor menselijke gedragingen. In mijn vrije tijd verdiepte ik mijzelf dan ook regelmatig in het bestuderen en analyseren daarvan. Om een lang verhaal kort te maken, niet lang daarna begon ik opnieuw een onderneming. Ditmaal in de werving en selectie van IT professionals. Dat bleek vanaf het begin al succesvol te zijn en de onderneming begon te groeien. Natuurlijk maakte ik ook daar de nodige fouten en heb ik ook daar de nodige waardevolle ervaringen opgedaan, maar die fouten bleken niet uit te monden in een financieel fiasco. Er was ruim voldoende inkomen om van te leven. Mijn salaris was verviervoudigd. Al vrij snel moest ik personeel aannemen en zat de groei er goed in.

Het vorenstaande deel ik niet om een gevoel van medelijden op te wekken, want dat heb ik niet nodig. Wat gebeurd is is gebeurd en aan het verleden verander je toch niets meer. Nee, ik heb mezelf aangeleerd om vooruit te kijken. De reden waarom ik dit alles deel is om je te laten begrijpen vanuit welke achtergrond mijn overwegingen en conclusies zijn gemaakt. Niets is mij zomaar aan komen dragen en ik heb voor alles hard moeten vechten, waardoor ik dan ook niets als 'gewoon' beschouw. Ik ben dan ook geen voorstander van een systeem waar alles zomaar aangedragen wordt, aangezien dat afbreuk doet aan het menselijk karakter. Tevens ben ik geen socialist, hoewel ik wel sympathie heb voor veel doelstellingen van het socialisme. Het is de wijze waarop dit gerealiseerd zou moeten worden waarin ik en het socialisme van mening verschillen. Daar zal ik hier niet verder op ingaan, want het laatste wat ik wil is dat dit boek in een politiek hokje wordt gestopt. In plaats daarvan probeer ik juist de raakvlakken te vinden die alle mensen met elkaar verbinden. Daarbij wil ik mij zoveel mogelijk beperken tot de feiten en laat het vervolgens aan jou, de lezer, over om daar conclusies uit te trekken.

Om iets te kunnen bereiken is het juist nodig om te leren en te proberen, indien nodig meerdere malen, totdat het gewenste resultaat behaald is. Eén van mijn grote voorbeelden is sir Winston Churchill, die we natuurlijk kennen als de premier van het Verenigd Koninkrijk, ten tijde van de Tweede Wereldoorlog. Deze man heeft vele geniale uitspraken gedaan, maar één daarvan is een favoriet van mij geworden: "Succes is niet voor altijd, mislukking is niet het einde: het is de moed om door te gaan wat telt." Op dit punt van mijn verhaal is het inmiddels 2008 geworden en had ik al een paar jaar een goed lopende onderneming. Aan het einde van dat jaar zou daar echter plotseling verandering in gaan komen en zou ik voor het eerst met een sociale dienst te maken krijgen.

HOOFDSTUK 2

DE FINANCIËLE CRISIS

Geruchten over een financiële crisis begonnen de ronde te doen in Nederland en het nieuws liet bovendien zorgwekkende berichten uit de Verenigde Staten zien, die hier reeds hard door waren getroffen. Maar tegen mijn – en waarschijnlijk ieders – verwachting in bleken die gevolgen voor ons ook catastrofaal. De vaart werd er echter pas goed ingezet toen onze toenmalige minister-president, Jan-Peter Balkenende, tegenover de media verklaarde dat we in een crisis waren beland. In de dagen die volgden ging het vervolgens hard bergafwaarts en heerste er een angstcultuur. De eerste consequenties hiervan bereikten mij al spoedig, toen ik te horen kreeg dat, in tegenstelling tot alle eerdere mondelinge toezeggingen, mijn interim contract niet werd verlengd. Daarmee kwam ik weer fulltime in mijn eigen bedrijf op kantoor te zitten. Maar daar bleef het helaas niet bij. In de eerstvolgende teammeeting gaven mijn collega's aan dat alle openstaande vacatures in slechts enkele dagen waren ingetrokken. In de gesprekken die zij met onze klanten voerden stond dan ook maar één woord centraal. Vacaturestop. Het was alle hens aan dek. Binnen ons eigen klantenbestand was er geen opdracht meer te krijgen, dus al snel begonnen we allemaal met de acquisitie van nieuwe klanten. Maar ook toen bleef het woord 'vacaturestop' de boventoon voeren. Het inkomen van mijn bedrijf was volledig weggevallen en het interen op reserves was begonnen. Bij wijze van noodsprong huurde ik nog een 'zwaargewicht' in, een zeer ervaren accountmanager met een groot netwerk, die ons ad interim kwam bijstaan. Maar zelfs daar bleven de resultaten uit en er kwam geen nieuwe opdracht meer binnen.

Toen we eenmaal op dit punt waren aangekomen besefte ik dat het niet langer haalbaar was om in de toenmalige bezetting verder te gaan. Er was geen andere optie meer dan om over te gaan tot het ontslag van mijn personeel, totdat ik uiteindelijk de enige was die overbleef. Het kantoorpand was daarmee niet alleen overbodig geworden, maar vanwege het gebrek aan inkomen ook een zware last. Uiteindelijk belande ik dan ook op de zolder van ons eigen huis, van waaruit ik de acquisitie verder doorzette. De financiële crisis had echter een groot effect op de arbeidsmarkt en ik kreeg het niet meer voor elkaar om vacatures of een interim opdracht binnen te halen. Ondertussen waren alle tegoeden verdwenen en begon er een probleem te ontstaan. Ik zag het moment aankomen waar ik niet langer meer mijn vaste lasten zou kunnen betalen. Als eigen ondernemer bouw je in Nederland echter geen WW op, wat betekend dat je rechtstreeks bij de bijstand uitkomt als je een uitkering nodig hebt. Met enige tegenzin, maar gedwongen door de omstandigheden, vroeg ik dan ook een uitkering aan. Dat deed ik bij de toenmalige Gemeente Woudrichem, die inmiddels is opgegaan in de huidige Gemeente Altena, waar we destijds woonachtig waren.

Na de aanvraag van een bijstandsuitkering werd ik uitgenodigd voor een gesprek op het UWV werkplein te Gorinchem, die de intakegesprekken namens de Gemeente Woudrichem uitvoerden. Een vriendelijke dame ving mij daar op en vertelde mij alles wat ik moest weten over de bijstand. Daarbij kwam natuurlijk ook mijn arbeidsverleden ter sprake. Zo goed als ik kon vertelde deze dame alles over mijn arbeidsverleden en de eigen onderneming die ik had, alsmede hoe alles op dit punt terecht was gekomen. Begripvol luisterde ze naar me en maakte druk aantekeningen. "Heb je je onderneming al beëindigd?", vroeg ze mij vervolgens. Dus antwoordde ik haar: "Nou, nee, nog niet. Ik vraag me af of dat verstandig is, want wat als ik in de komende tijd wel een interim opdracht kan vinden? Dan heb ik de uitkering helemaal niet nodig en dat is voor alle partijen het prettigste lijkt mij." Instemmend knikte ze een beetje, terwijl ze druk bleef noteren. Na enige aandringen op een reactie liet ze mij uiteindelijk weten dat het goed was dat ik mijn onderneming ingeschreven zou laten staan, mits ik maandelijks nauwkeurig mijn inkomsten zou opgeven. Daar had ik geen enkel probleem mee.

Enkele weken gingen voorbij. Een antwoord op mijn aanvraag voor bijstand bleef echter uit. Wel kreeg ik een overijverig typje van de Gemeente Woudrichem aan de telefoon. Dat thuiszitten was natuurlijk uit den boze en droeg niet bij aan de terugkeer naar de arbeidsmarkt. Het was belangrijk dat ik in het arbeidsproces betrokken zou blijven. Daarom werd van mij verwacht dat ik zo snel mogelijk aan de slag zou gaan op de sociale werkplaats. Met behoud van uitkering natuurlijk, want een salaris krijg je daar niet voor. Niet alleen moest ik daar gaan werken, ik moest er ook op 'sollicitatie', want dat doe je bij een normale baan ook. Derhalve diende ik daar eerst op gesprek te gaan en moest ik dit beschouwen als een sollicitatiegesprek. Verbaasd keek ik even op mijn telefoon, om te zien of ik niet in de maling werd genomen. Maar het nummer was echt van de Gemeente Woudrichem. Tja, als dat hun gelukkig maakt. De volgende dag ging ik, netjes gekleed in pak, zoals je doet bij een sollicitatie, naar dat gesprek toe. Ik weet nog goed hoe mijn gesprekspartner naar me zat te staren alsof hij water zag branden. Kennelijk dacht hij op zijn beurt weer dat hij in de maling werd genomen, totdat hij doorkreeg dat ik serieus was. Toen mompelde hij: "Uh, ja, uh, ik zie dat u een pak draagt. Dat is natuurlijk niet de bedoeling. Dit is een sociale werkplaats." Of ik het pak in vervolg thuis wilde laten. En ook niet meer met 'u' maar met 'je' en 'jij' wilde spreken. Tja, als hem dat gelukkig maakt. Hij liet me de werkplaats zien en regelde vervoer voor mij. Dat was nodig omdat ik in het dorpje Almkerk woonde en de werkplaats zich in een andere plaats, buiten bereik van het OV bevond. Voor de afspraak op die dag had ik een auto kunnen lenen, maar dat kon ik natuurlijk niet dagelijks doen. Mijn eigen auto was inmiddels al weg. Die kon ik niet meer bekostigen.

Niet lang daarna begonnen mijn 'werkzaamheden' op de sociale werkplaats en werd ik dagelijks opgehaald met een busje. De sfeer aldaar kan ik alleen omschrijven als grimmig en deprimerend. Een grote groep werkelozen zat daar spullen in te pakken, met een lege holle blik in hun ogen. Alsof al hun waardigheid en eer hen was ontnomen. En dat was natuurlijk ook wel een beetje het geval. En waren de inpakwerkzaamheden klaar? Dan mocht je de zojuist ingepakte spullen weer uitpakken. Was alles weer uitgepakt? Dan mocht je het vanzelfsprekend weer inpakken. Het was werk met als doel mensen zoveel mogelijk te vernederen, om hen op die manier te 'motiveren' om weer een baan te zoeken. Natuurlijk hebben de ambtenaren hier een hele andere uitleg over, maar iedereen weet dat het per saldo hierop neerkomt. Ik kan het weten, want ik heb het met eigen oren en ogen aanschouwd. Aan deze kant kunnen ze hun leugens dan ook niet meer kwijt. Gelukkig was het op die sociale werkplaats nog niet zo erg als op andere plaatsen, waar je ook nog je vinger moest opsteken en moest vragen of je alsjeblieft even naar het toilet mocht. Die verhalen zagen we in de media voorbijkomen, vooral in het oosten van het land. Desalniettemin was het behoorlijk mensonterend en nutteloos werk, wat op geen enkele wijze aan de maatschappij heeft bijgedragen. Het enige wat het bewerkstelligd heeft was dat de meeste werkelozen een enorme afkeer van onze overheid hebben gekregen. Ik kan het ze niet eens kwalijk nemen, want het heeft mij enorm veel zelfbeheersing gekost om niet in die houding mee te gaan. Maar als Christen heb ik de Bijbelse opdracht om mijn overheid te eren en respecteren, ook al is dat in Nederland op vele momenten een vrijwel onmogelijke opdracht wanneer je op de onderste trede van sociale ladder terecht bent gekomen.

Het was inmiddels zo'n vier maanden geleden sinds ik een bijstandsuitkering had aangevraagd en al die tijd had ik nog niets mogen vernemen. Al die tijd was ik aan het werk op de sociale werkplaats en voldeed ik aan de eis die mij gesteld was, maar er bleek niets tegenover te staan. Voor de goede orde, een gemeente is verplicht om binnen zes weken een beslissing te nemen. Door dit niet binnen die termijn te doen bleef de gemeente dus in gebreke. Over die kennis beschikte ik toen echter nog niet. Na vier maanden ontving ik eindelijk een brief van de Gemeente Woudrichem. Mijn aanvraag was afgewezen. Toen ik verder las zag ik dat men 'ontdekt' had dat ik een onderneming had, die stond ingeschreven bij de Kamer van Koophandel. Tegen deze beslissing kon in bezwaar worden gegaan, waar ik vanzelfsprekend direct mee aan de slag ging. In het bezwaar beschreef ik zo nauwkeurig mogelijk de reeks gebeurtenissen en de afspraken die waren gemaakt bij het UWV werkplein, waar ik specifiek over de onderneming had gesproken en toestemming had gekregen om deze ingeschreven te laten staan. Enige tijd hierna ontving ik een uitnodiging om voor de bezwarencommissie van de gemeente te verschijnen.

De zitting van de bezwarencommissie zou plaatsvinden in het gebouw van het gemeentehuis van Werkendam. Nadat ik mijn komst had gemeld werd ik meegenomen naar een zaal. Het eerste wat mij daar opviel was een groepje mensen die gezellig met elkaar koffie stonden te drinken en nieuwtjes stonden uit te wisselen, terwijl ik volkomen werd genegeerd. Het waren de mensen van de bezwarencommissie en van de sociale dienst, die een gezellig onderonsje met elkaar hadden. Een zeer onbehagelijk gevoel maakte zich van mij meester en ik kreeg de indruk dat de zaak allang in kannen en kruiken was en dat deze zitting slechts voor de vorm ging plaatsvinden. Dat bleek ook het geval te zijn. Met een lach en een knipoog werd er in hoog tempo doorheen gegaan en werd ik in het ongelijk gesteld. Men zal vast nog hartelijk om mij hebben gelachen toen ik weer onderweg was naar huis. Er zat dan ook niets anders op dan om een advocaat in te schakelen. Na maanden zonder inkomen was de situatie bij ons inmiddels zeer nijpend geworden.

Nadat onze raadsman kennis had genomen van het dossier, en na de ontvangst van het schriftelijke oordeel van de bezwarencommissie, ging hij direct aan de slag en duurde het niet lang meer voordat wij onze gang naar de rechtbank maakten. Die zitting zou plaats gaan vinden in Breda. Wat daar gebeurde zal ik nooit meer vergeten. Terwijl wij buiten de rechtszaal zenuwachtig zaten te wachten totdat de rechtszaak zou gaan beginnen, zagen wij de medewerker van bezwaar, die de gemeente vertegenwoordigde, met een uitgestreken en zelfvoldane uitdrukking binnen komen lopen. De arrogantie droop er vanaf en meneer wenste ons niet eens aan te kijken of te begroeten. De deuren van de rechtszaal gingen open en wij werden uitgenodigd om naar binnen te komen. Toen iedereen zijn plaats had ingenomen nam de rechter een teug adem en stopte vervolgens niet meer met praten. Hij richtte zich op de medewerker van de gemeente en begon tegen hem uit te vallen op een manier die ervoor zorgde dat mijn advocaat en ik elkaar verbaasd aankeken. Ik heb werkelijk nog nooit meegemaakt dat een ambtenaar er zo van langs kreeg. Niet te zuinig. De beste man liep gewoon rood aan. De gemeenteambtenaar ook overigens, maar hij kreeg er geen woord tussen. De rechter stak het niet onder stoelen of banken hoe boos hij was dat wij inmiddels al een half jaar zonder enig inkomen zaten, terwijl het melden van het bestaan van de onderneming wat hem betreft aannemelijk genoeg was gemaakt. Het besluit van de gemeente werd met een noodgang van tafel geveegd, maar daar voegde hij tevens een beslissing aan toe. De gemeente kreeg het expliciete verbod opgelegd om de uitkering op enige andere grond alsnog af te wijzen en werd gesommeerd om direct over te gaan tot betaling. Boem. Zitting gesloten. Tot ziens. Wij zijn niet eens aan het woord geweest. De gemeenteambtenaar keek woedend en wist niet hoe snel hij weg moest komen. Enkele dagen later kregen wij voor het eerst sinds een half jaar weer inkomen binnen.

Natuurlijk was het prachtig om die rechtszaak te mogen winnen, maar het enige wat we hebben gewonnen was dat de uitkering alsnog werd uitbetaald. In het bestuursrecht, waar dit gedeelte onder valt, komt het zelden tot nooit voor dat de geleden schade wordt vergoed. De overheid neemt maar zeer zelden haar verantwoordelijkheid in dit soort zaken. Wanneer je een half jaar lang je vaste lasten niet voldoet, dan staat er inmiddels een aardig leger aan deurwaarders voor je deur en zijn de kosten inmiddels flink gestegen. De uitspraak van de rechter voorzag helaas niet in het schadeloos stellen van die incassokosten en het uitbetaalde bedrag was ook niet voldoende om daar aan te kunnen voldoen. Een bijstandsuitkering voorziet namelijk slechts in het sociaal minimumbedrag om van te kunnen overleven. Ook voor wat betreft de zakelijke schulden waren er door mij netjes afspraken gemaakt voor de afbetaling, waar ik vervolgens niet aan had kunnen voldoen doordat ik een half jaar zonder inkomen heb gezeten. Toen ik dat inkomen wel weer kreeg was het niet langer mogelijk om betalingsafspraken te maken en werden alle bedragen per direct opgeëist. We waren in een onmogelijke financiële situatie terecht gekomen.

Op een dag zagen wij een bus van de netbeheerder van het gas voor ons huis stoppen. De man achter het stuur gooide zijn deur open, zette zijn telefoon op de speaker en begon te bellen. De hele straat kon het gesprek moeiteloos volgen. Of hij even kon verifiëren dat hij het gas bij de familie Prijs moest afsluiten en of het adres klopte. Er werd bevestigend geantwoord. De man stapte uit, liep naar de stoep voor ons huis, viste er een paar tegels uit en begon te graven. Bij de gasleiding aangekomen draaide hij daar de toevoer naar onze woning dicht, zodat wij geen gas meer hadden. En ja, het was inmiddels winter. Spoedig daarna werd ook de elektriciteit afgesloten. Vervolgens ontvingen wij een brief van de Gemeente Woudrichem. Het was hen ter ore gekomen dat wij in ernstige financiële problemen terecht waren gekomen. In de brief liet men ons weten dat het belangrijk is om tijdig je rekeningen te betalen en je zaakjes goed op orde te hebben. Of we contact wilden opnemen met hun afdeling schuldhulp. Nou, nee dus. De intentie van die gemeente was ons inmiddels al volkomen duidelijk geworden. Voor hulp moet je duidelijk niet bij de overheid zijn. Enkele weken later volgde een uithuiszettingsbevel. Er was geen redden meer aan. We gingen ons huis verliezen.

Aangezien ik altijd netjes wil blijven communiceren, bleef ik de schuldeisers op de hoogte houden van de huidige stand van zaken. Die communicatie verliep in dat stadium reeds via de deurwaarders die waren ingezet. Ook voor wat betreft het uithuiszettingsbevel had ik contact met de betreffende deurwaarder. Als je een beschaafde deurwaarder treft, die er zo nu en dan nog wel tussen zitten, dan is daar vaak nog wel een gesprek mee te voeren. Ik maakte de man duidelijk in wat voor situatie wij zaten en dat betaling er echt niet in ging zitten. Wel konden wij hem het werk van uithuiszetting besparen, door zelf voor de aangegeven datum de woning te verlaten en schoon op te leveren. Daar had hij wel oren naar en aldus geschiedde. Pijn deed het wel natuurlijk, maar welke opties blijven er over? Met de hulp van vrienden werd een opslag bekostigd en werd onze huisraad daar naartoe verhuisd. Het was oktober 2010 en wij waren officieel dakloos geworden.

HOOFDSTUK 3
TOMATEN PLUKKEN

Zoals ik eerder al aangaf was ik niet echt anders dan de gemiddelde Nederlander, ten aanzien van mijn opvattingen over mensen in de bijstand. Ook die opvattingen kwamen voort uit mijn eigen waarnemingen, die later overigens vrij beperkt bleken te zijn. Ik had namelijk te maken gehad met een aantal mensen die als het stereotype bijstandstrekker konden worden geclassificeerd. Het grootste deel van mijn jeugd groeide ik op in het dorp Wijk en Aalburg, in het gebied tussen Gorinchem en 's-Hertogenbosch, nog net in het mooie Brabant. In ons dorp hadden wij een aantal alleenstaande mannen, die allemaal alcoholist waren en in de bijstand zaten. Regelmatig waren zij in het dorp te zien met de beruchte blikjes of kratjes bier, onderweg van de supermarkt naar huis. Eigenlijk was het gewoon heel triest, ook al leken zij er zelf geen probleem mee te hebben. In mijn tienerjaren kwam ik met twee van die mannen in contact en leerde hen wat beter kennen. Naïef als ik was zette ik alles op alles om hen te helpen, maar niets resulteerde in een blijvend resultaat. Bij één van die twee mannen ging ik zelfs zo ver dat ik regelde dat hij naar aan afkickkliniek kon. Dat deed hij vervolgens ook. Toen hij na enkele weken weer terugkwam zag hij er zichtbaar gezonder en sterker uit. Hij was er zelfs blij mee dat hij van zijn verslaving af was. Maar na enkele weken begon hij alweer af te glijden. Dat begon met een blikje bier per dag, totdat hij de hele dag door alleen nog maar bier dronk en vrijwel niets meer at.

Deze man vertelde mij uiteindelijk wat meer over zijn achtergrond, waardoor ik wel wat beter ben gaan begrijpen waarom hij in die situatie terecht was gekomen. In zijn jeugd lukte het hem maar niet om zijn rijbewijs te halen, omdat hij bij het examen steeds zo zenuwachtig was dat hij daar grote fouten maakte. Maar hij kon wel goed rijden, liet hij mij weten. Daarom begon hij maar te rijden zonder rijbewijs. Dat bleek allemaal prima te gaan, ook al was dat natuurlijk super dom. Zeven jaar lang heeft hij dat volgehouden. Totdat hij op een dag over een vrij smalle dijk reed, met een fietspad ernaast. Op dat fietspad reden een fietser en een brommer, die druk met elkaar bezig waren en lol met elkaar hadden. Kennelijk als geintje bedoelt, gaf de bromfietser de fietser een duw. Die fietser kwam recht voor zijn auto terecht. Er was geen ontwijken meer aan. De fietser overleed ter plekke. Natuurlijk had dit voor hem de nodige zware consequenties, aangezien hij geen rijbewijs had. Maar naast die consequenties waren ook de beelden van die gebeurtenis op zijn netvlies gebrand, iets wat hij zichzelf nooit vergeven heeft. Zijn manier om daarmee om te gaan was om zichzelf een zelfvernietigend gedrag aan te meten.

Na diverse pogingen om hem te helpen constateerde ik dat het niet zoveel zin had om dat te blijven doen, wanneer je niet bij de kern van het probleem kunt komen en je uiteindelijk alleen maar bijdraagt aan het instant houden van het probleem. Op zo'n moment word je namelijk zelf een onderdeel van het probleem. Tevens vond ik het ook vreselijk om te moeten toezien hoe iemand zichzelf zo vreselijk de vernieling in helpt. Daarom heb ik uiteindelijk het contact verbroken. Enkele jaren later is deze man overleden. Hij heeft zichzelf letterlijk doodgedronken. De andere mannen in ons dorp, de bijstandstrekkers die ik hiervoor ook even aanhaalde, hebben zichzelf ook allemaal doodgedronken. Hun lever kon de grote hoeveelheden alcohol niet meer aan, ze sloegen allemaal geel uit en werden allemaal op een dag dood gevonden. Wanneer ik deze categorie mensen dan ook zie lopen, dan heb ik wel enig idee welke richting het op gaat, ook al zou ik het verschrikkelijk vinden als zij zo aan hun einde moeten komen. Ik denk dat daar mijn aversie tegen alcohol is ontstaan.

Zeker in mijn tienerjaren kon ik gewoon niet begrijpen hoe mensen dat zichzelf kunnen aandoen. Als ze nou gewoon werk zochten en hun leven wat zingeving gaven, dan zouden ze niet in die situatie hoeven te zitten. En inderdaad, desnoods ga je toch gewoon tomaten plukken? Als je echt wil dan kun je altijd werk vinden, aldus ikzelf destijds. In mijn beleving moest je gewoon hard je best doen en was er altijd wel een weg te vinden. Wie dat niet deed was in mijn ogen het 'werkschuwe volk'. Als je de juiste keuzes maakt krijg je vanzelf het juiste resultaat. Jarenlang heb ik met die opvatting rondgelopen en deze ook her en der verkondigd, ook al was het met terughoudendheid. Toen ik zelf eenmaal in een situatie belandde waar mijn bedrijf ten einde kwam en ik noodgedwongen bijstand moest aanvragen, heeft het me enkele weken gekost om over mijn depressie heen te komen. Nee, ook toen was er in mijn huis geen blikje of flesje bier te vinden. Zelfs niet voor bezoek. Toen ik mezelf uiteindelijk bij de kraag heb gegrepen, besloot ik dat het tijd was voor verandering. Opeens herinnerde ik me mijn eigen opvattingen en zag ik mijn situatie als de ideale situatie om mijn theorie voor eens en voor altijd te bewijzen. Ik zat toen immers ook in een vrij hopeloze situatie en in de bijstand. Een prachtig startpunt. Dus begon ik met solliciteren. Daarbij besloot ik om ook assertief te zijn en belde ik deze sollicitaties na, om op die manier toch net even wat meer boven de rest uit te kunnen steken en mijn kansen te vergroten. Maar de vacaturestop was bij de meeste bedrijven nog steeds van toepassing en er was zoveel aanbod dat ze het voor het uitzoeken hadden. Afwijzing op afwijzing volgde. Wat ik ook probeerde, ik slaagde er op geen enkele manier in om mijn theorie te bewijzen. Zelfs voor vacatures als keukenhulp/afwasser werd ik nog afgewezen. Pas later werd mij duidelijk wat voor vreselijk effect het label 'bijstand' heeft op de arbeidsmarkt. Kom je daar eenmaal in terecht, dan is er een grote groep werkgevers die al een grote stap terug doen.

In diezelfde periode waren mijn vrouw en ik te gast op een bruiloft, waar ik een jeugdvriend van mij tegenkwam. Ook hij had zijn vrouw meegenomen en samen stonden we wat bij te kletsen. Toen ze hoorden van de situatie waar we inzaten zag ik een blik van minachting ontstaan op het gezicht van zijn vrouw. "Nou, dan ga je toch gewoon tomaten plukken?", zei ze. Ik hoorde mezelf praten en was met stomheid geslagen. Wat moest ik daar nou op terugzeggen? Het was lachwekkend en triest tegelijk. Op dat moment leek het mij meer wijsheid om maar niet op die opmerking in te gaan.

Nadat we ons huis waren verloren slaagde de Gemeente Woudrichem er in om via onze ouders een oproep te doen aan ons, om contact met hen op te nemen. Toen ik gehoor gaf aan deze oproep kreeg ik te horen dat er klachten waren gekomen van de nieuwe bewoners van ons huis. Zij ontvingen al onze post en wilden daar natuurlijk vanaf. Waarschijnlijk kregen zij ook met regelmaat deurwaarders aan de deur. Natuurlijk is het volkomen logisch dat je daar actie tegen wil ondernemen, dus hebben zij de gemeente verzocht om een onderzoek in te stellen naar ons nieuwe adres. Dat nieuwe adres hadden wij echter niet. Het contactverzoek van de gemeente was dan ook bedoelt om uit te vissen waar wij verbleven. Een adres konden wij hen niet geven en ik heb ze dan ook duidelijk uitgelegd in wat voor soort situatie wij verkeerden. Dat bleek duidelijk een probleem te zijn, want ambtenaren schijnen je niet zomaar uit te mogen schrijven uit het basisregister. Niet lang daarna ontving ik dan ook een voorstel. De gemeente bood aan om ons een tijdelijk briefadres te geven op het adres van de gemeente. Op dat aanbod zijn we maar ingegaan, aangezien dat de meest gunstige situatie was.

Hoewel we officieel dakloos waren betekende dat gelukkig niet dat we letterlijk onder de sterrenhemel moesten slapen, maar de situatie was natuurlijk verre van ideaal. Familie en vrienden hebben ons een eindje op weg geholpen, maar er moest praktisch gezien natuurlijk wel iets gaan veranderen. Zonder inkomen kun je immers niet zoveel beginnen. Het zoeken naar een baan bleek nog steeds niet op succes uit te lopen. Ja, zelfs de tomaten werden reeds door andere mensen geplukt. Ook het feit dat we geen auto hadden en in dorpen van het land van Heusden & Altena verbleven droeg niet echt bij aan een oplossing. Om weer aan een woning te geraken hadden we een inkomen nodig. Onderzoek wees uit dat we kennelijk recht schenen te hebben op een zogenaamde zwerversuitkering. Ook dat is weer een vorm van bijstandsuitkering, maar dan een stuk ingewikkelder. Bij navraag bij de Gemeente Woudrichem werden we al snel afgescheept. Voor een zwerversuitkering moesten we bij de overkoepelende gemeente zijn. In het geval van de Gemeente Woudrichem was dit de Gemeente Breda. Maar die Gemeente Breda zat helemaal niet op ons te wachten en verwees ons direct weer terug naar de Gemeente Woudrichem, die ons op haar beurt weer terug verwees naar de Gemeente Breda. Dat ging een poosje zo door, net zolang totdat we op het punt kwamen van opgeven. Toen kregen we echter een uitnodiging voor een persoonlijk gesprek bij de Gemeente Woudrichem. Kennelijk zat men er toch mee in hun maag, want zelfs de wethouder zou bij het gesprek aanschuiven.

Op een grijze dag liep ik het gemeentehuis van Woudrichem binnen, benieuwd naar wat voor soort gesprek mij te wachten stond. Een afstandelijke dame kwam mij ophalen en nam me mee naar een kamertje achteraf. Daar namen we beiden plaats aan een tafel. Naast ons waren er nog twee mannen aanwezig, waarvan één dus de wethouder bleek te zijn. Vooral hij zei vrijwel geen woord, maar liet het aan de andere twee om het gesprek te voeren. Al vrij snel kwam het hoge woord eruit. Die zwerversuitkering bleek een soort van issue te zijn. Men kon geen legitieme manier vinden om deze aan ons toe te kennen. Waarom dat zo was werd mij niet duidelijk. Wel maakte men duidelijk dat ze bereid waren om een 'gewone' bijstandsuitkering toe te kennen. Daarvoor moest ik echter wel verklaren dat ik nog woonachtig was op ons oude adres. Dat ging volgens hen niet anders, omdat ze geen uitkering mochten verstrekken aan iemand die niet meer in de gemeente woonachtig was. Terwijl men mij dit voorstel deed kreeg ik een papier toegeschoven, waarop alles al netjes stond ingevuld. Onderaan dit velletje papier stond echter een zin die direct mijn aandacht trok. Het kwam erop neer dat ik door ondertekening zou verklaren dat alles naar waarheid was ingevuld en dat ik mij ervan bewust was dat ik strafrechtelijk zou kunnen worden vervolgd wanneer dat niet de waarheid zou blijken te zijn. Dat bracht ik dan ook ter sprake, met de vraag of men dan ook bereid was om te verklaren dat het adres voor de vorm was ingevuld, met een handtekening van één van hen. Die bereidheid bleek niet te bestaan. Op een zeer denigrerende toon zei de dame: "Ja, luister eens, aan het einde van de dag ga ik gewoon lekker naar mijn huis toe, want ik heb een huis en inkomen. U heeft een probleem, wij niet." De wethouder staarde al grijzend wat voor zich uit, maar zei geen woord. Noem me vierkant, maar ik kan niet gaan tekenen voor een leugen, waarbij ik mezelf ook nog eens bloot ga stellen aan strafrechtelijke vervolging. Iedereen weet tenslotte dat wanneer het ooit daar op aan zou komen, dat de ambtenaren in kwestie dan opeens aan geheugenverlies lijden. Daarnaast kan ik vanuit mijn geloofsovertuiging ook niet gaan meewerken aan het verklaren van leugens. Daar mag je natuurlijk wat van vinden, maar ik behoud graag mijn integriteit. Het gesprek werd al snel beëindigd en binnen enkele minuten stond ik weer buiten, nog steeds zonder inkomen, maar met mijn integriteit intact.

Nu iedere mogelijkheid tot het op integere wijze verkrijgen van een inkomen vanuit de overheid was geblokkeerd, bleef er voor ons niets meer over om van te leven. In een razend tempo liepen de schulden nog veel verder op, omdat er ook geen geld was voor de premie van de verplichte zorgverzekering. Wanneer je die niet betaald dan word je niet tegemoet gekomen, nee, dan mag je 50 euro per persoon per maand extra betalen. Verplichte boetepremie. Daarnaast worden de openstaande premies natuurlijk ook weer uit handen gegeven aan deurwaarders, die daar ook weer honderden euro's overheen gooien. Voor je het weet ga je van een redelijk behapbare schuld van iets minder dan € 30.000, naar een schuld van ruim € 100.000, wat ook met boetes en dwangmaatregelen natuurlijk niet bewerkstelligd dat er een oplossing komt voor het inkomen en dus voor de afloscapaciteit. Maandenlang bleef ik rondbellen en klopte ik overal aan voor hulp. Instantie na instantie werd benaderd, maar overal kregen we de deur tegen onze neus. De enige 'oplossing' die we kregen aangeboden was door het Leger des Heils te Dordrecht. Daar konden we eventueel een adres krijgen, zodat we op een legitieme wijze een uitkering konden aanvragen en weer op zoek konden gaan naar een baan in loondienst. De voorwaarde die gesteld werd was echter dat wij dan tien nachten aaneengesloten in de nachtopvang moesten doorbrengen. Gescheiden van elkaar. Die nachtopvang had toen al te kampen met ondercapaciteit. Als de opvang voor een nacht vol zou zitten, dan begon de teller weer van voor af aan. In de voorgaande jaren had mijn vrouw toevallig ook met deze opvang te maken gehad, in haar stage voor maatschappelijk werk. Ook al was het een soort van oplossing, wij hebben uiteindelijk toch besloten om daar geen gebruik van te maken.

Een jaar nadat wij ons huis waren verloren sprak ik met iemand uit mijn eigen netwerk, die op dat moment directeur was van een landelijke Christelijke schuldhulporganisatie. Hij had toevallig net iets gehoord over een project in Hoogvliet-Rotterdam, waar mensen in situaties zoals die van ons mogelijk terecht zouden kunnen. Via hem kwamen wij in contact met de mensen achter dit project en na een aantal gesprekken werd een makelaar bereid gevonden om ons een huurhuis te geven, op basis van de leegstandwet, ook al hadden wij op dat moment geen inkomen. De afspraak was dat wij wel direct een uitkering moesten aanvragen en op zoek moesten gaan naar een baan. Daarnaast werd van ons verwacht dat wij gebruik zouden maken van schuldhulp om uit te problemen te komen. Met die afspraken konden wij prima leven. In november 2011 trokken wij eindelijk weer in een 'eigen' huis, ook al wisten we dat het huis waarschijnlijk maar één a twee jaar beschikbaar zou zijn.

HOOFDSTUK 4
PAPIER PRIKKEN

Als dorpsmensen was het wel even een omslag om in een stadse omgeving terecht te komen. Wij waren bijvoorbeeld gewend om de mensen op straat te groeten, maar dat werd in die omgeving toch wat vreemd gevonden. Zoals afgesproken vroegen wij op dezelfde dag als onze inschrijving ook direct een bijstandsuitkering aan bij de deelgemeente Hoogvliet. Die uitkering werd toegewezen. Daarnaast gingen we ook direct weer op zoek naar een baan. Daar had ik het volste vertrouwen in, want in de stad was immers veel meer werk te krijgen dan in een dorp. Maar ook dat bleek een vergissing. Het begon inmiddels wel behoorlijk frustrerend te worden. Ondertussen zag ik het gat op mijn cv maar groeien en groeien, wat absoluut geen goed signaal is richting de arbeidsmarkt. Wat wel de goede kant opging was het schuldhulptraject. Alle openstaande vorderingen werden netjes inzichtelijk gemaakt en een plan werd opgesteld. Nu was het maar wachten of de schuldeisers zouden willen meewerken aan een minnelijk saneringstraject.

Ondertussen ontvingen wij een brief van de Gemeente Rotterdam. Vanaf dat moment werd van ons verwacht dat wij drie ochtenden per week op kantoor van de sociale dienst te Rotterdam zouden verschijnen. Daar zou men ons wel even aan het werk helpen. Op zich prima, als zij middelen hebben om te bereiken wat ons zelf nog niet was gelukt. Om kwart voor negen 's morgens arriveerden wij op de eerste ochtend bij het kantoor. We waren zojuist van de metro in de stromende regen naar het kantoor gelopen. Daar eenmaal aangekomen troffen wij gesloten deuren. Achter die deuren stond een ambtenaar druk te wijzen naar zijn horloge. De deuren gingen pas om negen uur open en geen seconde eerder. Bij sommige mensen viel dit duidelijk niet zo lekker, die daar in een prachtig Rotterdams accent ook verbaal uiting aan gaven. De regen bleek gelukkig niet dodelijk en had geen blijvende effecten, dus ook dat ging weer voorbij. Was het gedrag van die ambtenaar irritant? Absoluut. Maar daar moet je gewoon geen aandacht aan schenken.

Eenmaal binnen moesten we ons aan de balie melden en vervolgens op appel gaan staan, achter de gele streep. Toen gebeurde er iets vreselijks. Eén van de mensen die met ons op appel stonden haalde het in zijn hoofd om in een moment van verstandsverbijstering zijn voet ongemerkt enkele centimeters over de gele streep te zetten. Een ambtenaar die toe stond te kijken kreeg spontaan een hartverzakking en snelde direct toe om deze rebel een veeg uit de pan te geven. Ook dat viel niet zo lekker en een hevige discussie ontstond. Zwijgend stonden we alles gade te slaan, ons afvragend waar we in hemelsnaam in terecht waren gekomen. Vervolgens werden we meegenomen, in groepen onderverdeeld en moesten we in een soort van klaslokaal gaan zitten. Op betuttelde wijze werd ons allen verteld dat we weer aan de slag moesten en dat geld niet gratis is. Toen begonnen diverse mensen uit de groep hierop te reageren. Stuk voor stuk vertelden ze hoe graag ze weer aan het werk zouden willen gaan, maar dat ze overal werden afgewezen. Sommigen konden hun tranen zelfs niet meer bedwingen. Terwijl ik hun verhalen zo aanhoorde en de groep rondkeek, zag ik helemaal niet het stereotype bijstandstrekker, maar mensen die wel degelijk aan de slag wilden. De toon van de ambtenaren veranderde enigszins en werd wat milder. Alles ging goed komen, zo liet men ons weten. We mochten plaats nemen achter een computer en op zoek gaan naar vacatures, waar we dan vervolgens op mochten gaan solliciteren. Met de hete adem van de ambtenaren in onze nek. Natuurlijk was geen enkele sollicitatie goed in hun ogen en werd alles voorzien van de nodige kritiek, die veelal nergens op sloeg. Vrijwel iedereen werd tot aan de grond toe afgekraakt en alle sollicitaties moesten anders en beter. Want de reden dat je nergens werd aangenomen lag volledig bij jezelf. Het was één grote depressieve bedoening en echt opgewekt kwam je daar nou ook weer niet vandaan.

De drie ochtenden verplicht solliciteren in het klaslokaal waren kennelijk niet voldoende, want al spoedig ontving ik ook het bericht dat ik een tegenprestatie moest gaan verrichten voor mijn uitkering. Zo werd ik ingedeeld om een aantal dagen per week in Rotterdam papier te gaan prikken. Ik had de verhalen hierover wel gehoord, maar ik vond het integrerend om zelf ook eens mee te maken. Er werd een afspraak gemaakt op een locatie, waar we veiligheidsschoenen en een hesje moesten gaan ophalen. Eenmaal in het bezit van deze middelen werd de eerste werkdag ingepland. Op een redelijk zonnige dag liep ik naar de plek waar ik geacht werd mezelf te melden. Daar hadden zich inmiddels diverse uitkeringsgerechtigden verzameld. Zodra de groep compleet was werden we mee naar binnen genomen en moesten in de kantine plaatsnemen. We bevonden ons op het terrein van de Gemeentewerken Rotterdam. Het viel mij op dat de man naast mij iedereen leek te kennen en begroette. Kennelijk zag hij mijn verbazing en liet dan ook weten dat die mensen zijn oud-collega's waren. Tot enkele maanden daarvoor was hij werkzaam geweest bij de gemeentewerken, maar daar was hij ontslagen. Samen met een behoorlijk groot aantal andere gemeentewerkers. Die vervolgens vrijwel allemaal in de bijstand terecht waren gekomen, om vervolgens met behoud van uitkering precies hetzelfde werk weer te moeten gaan doen. Dat was voor mij natuurlijk lastig te verifiëren, maar aangezien de man toch echt iedereen scheen te kennen vond ik het erg aannemelijk. Het verdienmodel begon mij steeds duidelijker te worden. Wat een manier om onder het minimumloon uit te kunnen komen. Pas arbeidsverdringing toe en er kan behoorlijk op budget worden bespaard. Het zou geniaal zijn als het daarnaast ook niet zo mensonterend en vernederend zou zijn geweest. Uiteraard werd er aan de voorkant een heel ander en politiek correct beeld geschetst, maar per saldo was dit het resultaat.

Een man kwam de kantine binnengelopen en liet ons min om meer weten dat geld niet gratis is en dat wij daar waren om een tegenprestatie voor onze uitkering te verrichten. Er werd uiterste inspanning van ons verwacht. Voldeden we niet aan de verwachting? Dan had dat gevolgen voor de uitkering. Hij deed niet eens zijn best om zijn praatje niet denigrerend over te laten komen. We waren in het afvoerputje van de maatschappij terechtgekomen. De groep werd onderverdeeld in kleine groepjes, die vervolgens werden gesommeerd in busjes te stappen. In een volgestampt busje reden we naar een wijk, vlakbij het Zuidplein. Drie mannen waren in loondienst bij de gemeentewerken en zij waren dan ook degenen die ons moesten begeleiden. Het busje werd ergens half op een stoep geparkeerd en iedereen moest uitstappen. Eén van de 'begeleiders' wees naar de straat en zei: "Nou, ga maar papier prikken en wel een beetje tempo." Vervolgens gingen de drie mannen zelf op een bankje zitten toekijken, al lachend en wijzend naar het groepje losers dat nu in hun plaats het werk moesten doen, terwijl zij er een goed loon voor kregen en ontspannen konden toekijken. Dat scenario zal ik nooit meer vergeten. Het heet dan wel een tegenprestatie, wat natuurlijk heerlijk te verkopen is aan het werkende belastingbetalende deel van de inwoners van de gemeente, maar feitelijk was het niets minder dan dwangarbeid, waarbij je precies hetzelfde werk mag doen als iemand in loondienst, maar dan zonder daar een minimumloon voor te krijgen. Dat scheelt de werkgever, in dit geval de Gemeente Rotterdam, letterlijk honderden euro's per persoon per maand. Op dat moment heeft het dan ook niets meer met een tegenprestatie te maken, maar is het gewoon een ordinair verdienmodel geworden, over de ruggen van mensen die al geen kant meer op kunnen.

De verplichte samenkomsten ten kantore van de sociale dienst gingen gewoon door. Meerdere malen per week verschenen wij ten tonele om daar in een klaslokaal betuttelend toe te worden gesproken en om steeds weer tegenstrijdige adviezen te krijgen, die uiteindelijk nooit tot een resultaat hebben geleid. Het was op dat punt dat ik steeds meer die lege holle blik in de ogen van mensen ben gaan herkennen. Het was namelijk precies hetzelfde soort blik zoals die man die ik in het eerste hoofdstuk omschreef. De boodschap die gecommuniceerd werd was steevast dat alle bijstandsgerechtigden het fout doen. Het lag aan jezelf dat je in die situatie zat. Het had dan ook meer de sfeer van reclasseringsbijeenkomsten dan van ambtenaren met empathie. Bij iedere bijeenkomst zag je de aanwezigen weer een stukje meer depressief worden en verder wegzakken. Het zelfvertrouwen werd daar volledig afgebroken. Je was een niemand meer. Je hoorde niet meer bij de samenleving. De samenleving moet jou niet. De samenleving betaald voor jou. Je bent een last voor de samenleving. Natuurlijk wordt dat niet letterlijk zo gezegd, maar laat het maar aan een ambtenaar over om dat tussen de regels door glashelder te impliceren, op een manier waardoor ze zelf altijd buiten schot kunnen blijven. Hoe dan ook, de boodschap kwam duidelijk over bij de aanwezigen. Daar zag ik het gebeuren. Daar zag ik de lege holle blikken ontstaan. Omhulsels van mensen die ooit gelukkig waren, maar nu nog slechts een schim van wie ze ooit geweest waren. Psychisch gesloopt door de implicatie dat ze tot een last voor de samenleving zijn verworden. Begrijp me niet verkeerd, ik suggereer niet dat dit therapeutische sessies zouden moeten zijn, maar dit was dan weer helemaal naar de andere kant doorgeslagen. Ik denk dat ik het het beste kan omschrijven als mensen die hun waardigheid is ontnomen. Als mensen die geen mens mogen zijn, zolang ze geen baan hebben en een last voor de maatschappij zijn.

De woning die wij hadden was gehuurd op basis van de leegstandwet. Dat is geen antikraak, maar je zou het kunnen zien als een constructie die tussen normale huur en antikraak inzit. Het betekend dat je je huis kunt verliezen, maar in die constructie krijg je wel één a twee maanden opzegtermijn. In ons geval wisten we dat het huis zeker zo'n twee jaar beschikbaar zou gaan zijn, maar toch zit het niet helemaal lekker, want het zou ook zomaar eerder kunnen zijn. Die onzekerheid is niet fijn om mee te leven. Daarom gebruikten wij onze tijd daar dan ook om op zoek te gaan naar een vaste huurwoning. Persoonlijk gaf ik de voorkeur aan een woning in een dorp, ergens in Zeeland of in het voor ons vertrouwde Brabant. De woningnood blijkt echter overal groot te zijn. Toen wij echter de optie voor een woning in Dordrecht kregen voorgehouden, moest ik toch wel even goed nadenken of ik dat wel wilde. De stad staat immers niet zo heel goed bekend en kwam op mij ook niet bepaald uitnodigend over. Maar moet je iets afwijzen, wanneer je je niet in de luxe bevind van het hebben van keuze? Het was tenslotte wel een vaste huurwoning, dus geen onzekerheid meer over woonruimte. Na de ellende van het verliezen van een huis, was dat voor ons een zeer welkome verandering. Het zou een plaats kunnen zijn waar we dan eindelijk weer onze toekomst zouden kunnen gaan opbouwen. We besloten een kijkje te gaan nemen en zo liepen we op een zonnige dag, ergens eind 2012, het winkelcentrum Crabbehof binnen, wat gelegen is de gelijknamige wijk van Dordrecht. Dat winkelcentrum was niet heel groot, maar zag er best redelijk uit. Ook de woningen boven het winkelcentrum waren over het algemeen best goed en gelegen op een mooie en handige locatie. Ze waren zelfs voorzien van een glasvezelaansluiting. Dat gaf voor mij, als IT nerd, toch wel een beetje de doorslag.

Niet zo heel veel later kregen we de mogelijkheid om één van die huizen te gaan huren en werd ons een woning toegewezen. In januari 2013 begonnen we met het opknappen van het huis. De uitkering in de

Gemeente Rotterdam werd opgezegd en per 1 februari 2013 trokken we in ons nieuwe huis te Dordrecht, alwaar wij een nieuwe bijstandsuitkering aanvroegen. Niet lang daarna volgde een uitnodiging. We dienden ten tonele te verschijnen voor een verplichte introductiebijeenkomst.

HOOFDSTUK 5

WERK MAAKT VRIJ

Een schokkende titel voor dit hoofdstuk? Ja, dat klopt. Maar ik behoor niet tot de groep mensen die maar wat schokkends wil roepen, dus wat ik zeg ga ik ook onderbouwen. Ik kom uit een familie van verzetsstrijders, waarbij mijn oudoom, de broer van mijn oma, door de Nazi's is gemarteld en door een dronken Duitser is gefusilleerd. Zijn naam was Arie van Driel, geboren en getogen in hetzelfde dorp als Anton Mussert, de leider van de NSB. Dat dorp was Werkendam, gelegen in de Gemeente Altena. Mijn oudoom was zoals dat toen heette een line-crosser en fervent tegenstander van het Naziregime. In die tijd was een deel van Nederland reeds bevrijd, maar een ander deel nog in handen van de bezetter. De Biesbos lag precies op deze grens. Op die plaats waren de line-crossers, waar mijn oudoom onderdeel van was, actief. Zij brachten, met gevaar voor eigen leven, geallieerde piloten, Joden en anderen die gevaar liepen, van bezet naar bevrijd Nederland. Na ruim 50 keer die oversteek te hebben gemaakt, werd mijn oudoom Arie van Driel samen met zijn kameraad Kees van de Sande opgepakt door de Duitsers. Dat hebben ze helaas niet overleefd. Arie van Driel en Kees van de Sande zijn op 30 augustus 1948 postuum onderscheiden met de Militaire Willems-Orde (MWO.4). Daarmee had mijn oma haar broer niet terug, maar wel de wetenschap dat hij niet voor niets zijn leven heeft gegeven. Met die verhalen ben ik groot gebracht. Het heeft ervoor gezorgd dat ik enorm respect heb gekregen voor mijn oudoom, maar ook voor al die dappere helden die hun leven hebben geriskeerd voor onze vrijheid. Derhalve wil ik er ook voor waken om holle termen en loze woorden te gebruiken. Mijn woordkeuze is weloverwogen en naar mate het boek vordert zal ik duidelijk maken waarom. Ik neem de vrijheid, waar zo'n grote prijs tegenover heeft gestaan, niet voor lief, maar wil deze op waarde blijven schatten.

Kort nadat wij in Dordrecht waren komen wonen, en door noodzaak een bijstandsuitkering hadden aangevraagd, werden we dus gesommeerd om naar een introductiebijeenkomst te komen. Het was onze eerste ervaring met de Sociale Dienst Drechtsteden. De bijeenkomst zou plaatsvinden in het gebouw naast het gemeentehuis, aan de Spuiboulevard te Dordrecht. De ontvangst daar was nog wel redelijk en we werden vriendelijk begroet. In Dordrecht hoefde je in ieder geval niet achter een streep op appel te gaan staan. Dat leek vooruitgang. Een groep mensen begon binnen te stromen en zodra iedereen aanwezig was kon de bijeenkomst beginnen. We werden meegenomen naar een soort klaslokaal en twee dames begonnen hun verhaal af te steken. Het was het bekende riedeltje. Geld is niet gratis. De samenleving betaald voor jouw inkomen. Daar moet wat tegenover staan. Natuurlijk zijn er figuren die graag misbruik maken van de bijstand, maar ik had wederom niet de indruk dat dat soort figuren bij ons in de groep aanwezig waren. Maar we werden wel allemaal als zodanig behandeld en toegesproken. De toonzetting was enorm denigrerend en de dames maten zichzelf een behoorlijk superieure houding aan. Zij hadden immers een baan. Zwijgend hoorde ik het verhaal aan. Totdat de nadruk kwam te liggen op de uitspraken dat 'werk vrijmaakt' en dat 'werk vrijheid geeft'. Op dat punt hoorde ik mezelf zeggen dat die uitspraken, gezien het verleden, behoorlijk onsmakelijk waren en bovendien boven bepaalde kampen te zien waren geweest. Dat werd me niet in dank afgenomen, maar eerlijk gezegd kon dat me niet zoveel schelen. Ik was meer geschokt door het feit dat deze dames het zelf niet eens inzagen.

Enkele maanden na deze bijeenkomst werd ik telefonisch benaderd door een medewerker van de sociale dienst. Een enthousiaste ambtenaar, wat al vrij uniek is, vertelde mij dat ik behoorde tot hun groep met het label 'kansrijk op de arbeidsmarkt'. Voor het geval dat je het je afvraagt, ja, dat betekend dus automatisch ook dat er een groep moet zijn die als kansloos wordt gelabeld. Hoe die afweging precies wordt gemaakt en wie dat doet is mij echter nooit duidelijk geworden. Maar goed, ik werd dus als kansrijk gezien en ze had een prachtig traject voor mij in gedachte. Of ik interesse had om te worden omgeschoold naar taxichauffeur, een traject dat zou gaan leiden tot een baan? Als ik daardoor eindelijk van die ambtenaren af kon komen, ja natuurlijk! Zo zei ik dat natuurlijk niet tegen haar, maar ik gaf gewoon netjes aan interesse te hebben. Derhalve werd mijn dossier doorgezet naar Baanbrekend Drechtsteden. Die werden gepresenteerd als een speciale afdeling van de Sociale Dienst

Drechtsteden, maar bleken bij nader onderzoek (destijds) gewoon deel uit te maken van de Randstad Groep. Aangezien ik de Randstad Groep wel enigszins heb leren kennen in mijn carrière, wist ik ook dat er dan een behoorlijk verdienmodel achter moet zitten. Anders komen de mensen van Randstad niet eens in beweging. Ook daar werd ik doorgezaagd, zodat men mijn motivatie voor het traject zou kunnen peilen. Ik moet zeggen dat de contacten daar in eerste instantie ook redelijk verliepen en van enig menselijk niveau waren. Binnen enkele dagen kreeg ik al te horen dat ik tot het traject was toegelaten.

De gemeente had een budget vrijgemaakt om een groep te laten omscholen tot taxichauffeur en dus begon de theorieopleiding bij een rijschool in de buurt, welke enkele weken zou duren. Bij de rijschool kregen we theorieles, tussendoor moesten we thuis zelf gaan leren. Maar hoewel iedereen over theorieboeken beschikte, had ik deze nog steeds niet gekregen. De rijinstructeur gaf duidelijk aan dat bij deze examens het gemiddelde slagingspercentage op 50% lag, dus het was raadzaam om goed te leren. Naar mate de lessen vorderde bleven de theorieboeken afwezig voor mij. Ook na diverse telefoontjes bleef reactie uit. Het theorie-examen was inmiddels al wel ingepland en kwam steeds dichterbij. De week van het examen was aangebroken en nog steeds had ik niets. Pas op de dag voor het examen, aan het einde van de middag, kreeg ik mijn theorieboeken eindelijk geleverd. Het examen zou om 8:00 uur 's-morgens plaatsvinden. Kennelijk had het voor de sociale dienst niet zoveel belang of ik nu wel of niet zou slagen, maar ik vond dat ik een verantwoording had richting de samenleving, die deze opleiding toch mee bekostigde. Maar de houding van de betrokken ambtenaren was extreem laks, terwijl mijn slagingspercentage steeds verder terugliep. Toch heb ik alsnog gedaan wat ik kon om zoveel mogelijk te leren, in de paar uurtjes die ik nog had om dat te doen. De volgende dag bleek dat de rijinstructeur inderdaad gelijk had. Meer dan de helft van de groep was gezakt voor het examen. Maar ik was geslaagd. Ook voor het praktijkexamen slaagde ik in één keer.

Voor de korte afstanden is er in veel plaatsen een lokaal of regionaal vervoerssysteem voor ouderen en voor mensen met een (vorm van) beperking. In de Drechtsteden is dat de Drechthopper. Dat is geen regulier taxivervoer wat zomaar uitgevoerd mag worden door taxibedrijven, maar dit gaat via aanbesteding bij de deelnemende gemeentes. In 2013 was die opdracht 'gegund' aan taxibedrijf Lotax te Dordrecht, een bedrijf dat inmiddels niet meer bestaat. Nadat ik mijn taxipas had gehaald werd ik al vrij snel weer benaderd door Baanbrekend Drechtsteden, het (toenmalige) paradepaardje van de Sociale Dienst Drechtsteden. Zoals beloofd hadden zij inderdaad een werkgever voor mij gevonden en dat was dus Lotax geworden. Dat ging niet via de reguliere weg, maar ik moest eerst drie maanden aan de slag met behoud van uitkering, dus zonder een salaris. Na afloop van die drie maanden zou er een evaluatiegesprek komen en als ik mijn werk goed zou hebben gedaan, dan zou een arbeidscontract voor de duur van zes maanden worden gegeven. Die drie maanden zouden dus kunnen worden gezien als een verlenging van de proefperiode. Gezien mijn eigen ervaringen met mensen die uit de bijstand komen, in mijn vorige functies, kon ik nog wel begrip opbrengen voor een dergelijke constructie. Nadat mensen langdurig door ambtenaren zijn gehersenspoeld met stellingen die impliceren dat ze een last zijn voor de maatschappij, hebben mensen meestal toch wat tijd nodig om weer met enig zelfvertrouwen aan de slag te kunnen gaan. In dit geval spreek ik dus niet meer enkel over de Sociale Dienst Drechtsteden, maar over de meeste sociale diensten in Nederland. In mijn vorige functies had ik immers diverse mensen uit diverse gemeentes ontmoet, waarbij ik hetzelfde geconstateerd had, ook al was ik me er toen nog niet van bewust wat er precies gaande was achter de schermen.

Nadat ik een soort van sollicitatiegesprek bij Lotax had gehad, werd ik daar 'aangenomen' voor het traject '3 maanden gratis + 6 maanden met contract'. Het contract dat ondertekend moest worden werd niet aangegaan met Lotax, maar met Baanbrekend Drechtsteden. Tot mijn grote verbazing maakte dit contract er melding van dat met deelname aan dit traject de sollicitatieplicht niet kwam te vervallen. Toen ik daarover doorvroeg werd mij medegedeeld dat ik niet hoefde te solliciteren tijdens de drie maanden werk met behoud van uitkering. Er was echter niemand die bereid bleek om het kwijtschelden van de sollicitatieplicht zwart op wit aan mij te overhandigen. Alles moest mondeling. Inmiddels ken ik het ambtelijk apparaat al voldoende om te weten dat hun woord niet alleen niets waard is, maar ook meestal glashard ontkend wordt wanneer het er ooit op aan zou komen. Het heet dan wel 'het laatste vangnet', maar in de meeste gevallen blijkt het meer een valkuil te zijn waar men je graag in ziet vallen. Dat plezier ging ik ze niet geven en dus bleef ik ook tijdens die drie maanden gewoon netjes solliciteren. Bij het maandelijks doorgeven van die sollicitaties ben ik ook nooit teruggefloten en heb ik nimmer opmerkingen gekregen. Het contract liet overigens ook duidelijk zien dat het uiteindelijke doel, het ultieme resultaat van het traject, was dat er een arbeidscontract voor de duur van zes maanden zou worden verkregen. Dat was het einddoel.

Bij aanvang van mijn werkzaamheden begon het mij al direct op te vallen dat het verloop extreem hoog was. Een opvallend hoog percentage werd na drie maanden weggestuurd omdat ze niet goed genoeg hun werk zouden hebben gedaan. En je raad het al, de mensen die wel een arbeidscontract voor zes maanden kregen aangeboden, mochten meestal na die zes maanden ook weer vertrekken. Allemaal met verschillende smoesjes, maar per saldo werd er zo wel lekker veel ruimte gecreëerd voor dat gratis personeel voor drie maanden. Je laat het gewoon rouleren en op die manier heb je altijd 'gratis poppetjes' tot je beschikking. Ik weet ook wel dat dat nooit inzichtelijk is geweest op papier, want in alle grafiekjes zijn alleen de blinkende resultaten te zien, de succesformule van Drechtsteden. Persoonlijk word ik misselijk van deze misbruikende succesformules, waarbij ambtenaren elkaar schouderklopjes geven en glunderend staan te vertellen over hun successen, terwijl de bijstandsgerechtigden worden uitgebuit en niemand daar weet van mag hebben.

Hoewel het systeem geen schoonheidsprijs verdiende en het geen droombaan was, vond ik het wel ontzettend leuk om zoveel nieuwe mensen te ontmoeten en om op die manier ouderen en mensen met een beperking te helpen. Het waren zeker niet de gewone taxiritjes. Deze groep mensen vind het meestal ook leuk om te praten en ik luisterde graag naar al hun verhalen. Wat de mensen betreft was het dus een leuke tijd. Maar tegelijk viel het mij ook op dat de regels stelselmatig werden overtreden. Dan spreek ik met name over de werktijden en de wettelijk verplichte rusttijden. Het betroffen al wisselende diensten, variërend van ochtend-, tot avond- en weekenddiensten, maar die diensten liepen vervolgens ook nog regelmatig uit met enkele uren, in strijd met het contract. Je had het vast al geraden, maar ook daar kregen wij niets extra's voor, want wij waren het gratis personeel. Het niet naleven van de wettelijk verplichtte rusttijden was echter een stuk kwalijker. Daar word namelijk op gecontroleerd door o.a. de politie en wanneer je gepakt zou worden, dan was de boete natuurlijk voor jou. Noch Lotax noch de gemeente namen hier verantwoordelijkheid voor.

De planning van het taxibedrijf bepaalde wanneer je pauze mocht houden en ik kan je zeggen dat er dagen bij waren waar ik zes tot zeven uur onafgebroken heb moeten rijden, voordat ik de eerste pauze kreeg toegewezen. Deze rijtijden worden allemaal vastgelegd in de boordcomputer (BCT). Als ik zou zijn aangehouden dan had ik zeker een boete gekregen. Die zou dan ook aan de hoge kant zijn uitgevallen, aangezien de boordcomputer liet zien dat dit stelselmatig plaatsvond. Bovendien zou die boete dan ook uit mijn eigen zak bekostigd moeten worden. Toen ik dit kenbaar maakte bij de Sociale Dienst Drechtsteden werd mij toegebeten dat als ik hier iets over zou zeggen tegen mijn werkgever, dat dit dan gevolgen had voor mijn uitkering. De uitkering zou zelfs helemaal stop kunnen worden gezet. Men vond dat ik niet moest zeuren en gewoon moest doorgaan met het overtreden van de wet. Welke keuze had ik? Enerzijds kon de politie mij pakken, door middel van het opleggen van boetes, anderzijds kon de Sociale Dienst Drechtsteden mij te grazen nemen door mijn uitkering in te trekken. In beide gevallen was ik de pineut. Pijnlijker wordt het als je beseft waarom er zo streng wordt gehandhaafd op het naleven van die rusttijden. Uit ervaring kan ik zeggen dat je aandacht inderdaad steeds meer verslapt, naar mate je langer aan het rijden bent. Dat betekend dus dat je daarmee de veiligheid van je passagiers in gevaar brengt. Daar had Drechtsteden, tevens de opdrachtgever en eindverantwoordelijke van de Drechthopper, geen enkel probleem mee. Zolang ze maar mensen konden laten uitstromen uit de bijstand, want die zijn een last voor de samenleving.

Wat was ik blij toen ik, redelijk onverwachts, een telefoontje kreeg van een werkgever waar ik gesolliciteerd had. Of ik op gesprek wilde komen voor de functie van recruiter. Nou en of ik dat wilde! Dat gesprek verliep enorm positief. Toen ik bijna aan het einde van de periode van drie maanden werken met behoud van uitkering was gekomen, reed ik met een lege taxi door Dordrecht, toen ik gebeld werd. Direct parkeerde ik de taxi langs de kant van de weg, voordat ik de telefoon opnam. Aan de andere kant van de lijn hoorde ik de werkgever waar ik eerder op gesprek was geweest. Hij bood mij een arbeidscontract voor de duur van zes maanden, met een auto en telefoon van de zaak. Vanzelfsprekend heb ik daar direct ja op gezegd. Eindelijk kon ik mezelf ontdoen van het label 'bijstand'. Wat een opluchting.

Zoals je je misschien herinnert was het doel van die drie maanden gratis werken om een arbeidscontract voor zes maanden te verkrijgen. Het contract maakte echter geen melding bij welke werkgever dit moest zijn en liet tevens zien dat ik zelf ook verplicht moest blijven solliciteren, zoals ik eerder ook vertelde. Nu het mij was gelukt om op eigen kracht weer aan een baan te komen, en één van mijn eigen verplichte sollicitaties dus vruchten afwierp, nam ik dus contact op met Baanbrekend Drechtsteden. Enthousiast vertelde ik over het aanbod wat ik had gehad en dat ik daarmee dus de keuze had om te kiezen voor een contract als taxichauffeur of als recruiter. Nou, die keuze was voor mij snel gemaakt, zo liet ik hen enthousiast weten, en bovendien was het doel van het traject bereikt. Ik had een contract voor zes maanden aangeboden gekregen! Even viel het stil aan de andere kant van de lijn. Toen begon de dame in kwestie tegen mij uit te vallen en niet te zuinig ook. Hoe durfde ik zomaar een andere baan te accepteren. Hoe haalde ik het in mijn hoofd. Na alle moeite die voor mij was gedaan. Fijntjes merkte ik op dat hun eigen contract mij verplichtte om zelf door te blijven solliciteren en dat men dan niet verrast moest zijn als daar een keer iets uitkomt. "Als je die baan accepteert, dan hoef je hier nooit meer aan te kloppen en helpen we je nooit meer!", snauwde de dame mij toe, waarna ze pisnijdig de verbinding verbrak. Verbaasd keek ik naar mijn telefoon, waar zojuist de verbinding was weggevallen. Had ik ergens iets gemist? Ik had zojuist verteld dat ik uit de bijstand kon gaan en weer een eigen inkomen zou krijgen en daar kreeg ik zo'n reactie op? Later begon ik dat beter te begrijpen, toen ik hoorde dat er kennelijk bonussen zijn verbonden aan succesvolle trajecten. Er speelden daar dus hele andere belangen dan het aan het werk krijgen van mensen. Het maakt ook uit waar ze aan het werk gaan, want daar staan riante bonussen tegenover. Dat is wat ik dus een ordinair verdienmodel noem. Over de ruggen van mensen die al met hun rug tegen de muur staan.

HOOFDSTUK 6
VAN DE STRAAT

Vanaf het moment dat we in Hoogvliet waren komen wonen, in 2011, waren we bezig geweest met het opgestart krijgen van een minnelijk schuldhulptraject. Dat is wat je de light versie van de WSNP (Wettelijke Sanering Natuurlijke Personen) kunt noemen en het gaat niet via de rechter. Ook hierbij zou het traject zo moeten zijn dat er drie jaar lang maximaal wordt afbetaald, waarna de restschuld wordt kwijtgescholden. Om een minnelijk traject opgestart te kunnen krijgen moeten echter wel alle schuldeisers akkoord gaan en juist daar lag het probleem. Inmiddels woonden we in Dordrecht en was het al 2013 geworden. We hadden een landelijke Christelijke schuldhulporganisatie achter ons staan, maar ook zij kregen het niet voor elkaar. De Rabobank bleef stug nee zeggen. Op een bepaald moment spraken we met onze contactpersoon bij de schuldhulporganisatie, toen zij ons liet weten dat het er waarschijnlijk niet in ging zitten dat het hun ging lukken. Maar we zouden mogelijk wel een kans maken wanneer we het traject via de gemeente zouden laten lopen. Ze wist uit ervaring dat schuldeisers dan toch meer geneigd zijn om mee te werken en akkoord te gaan. Het hele dossier was op orde en alle schulden waren inzichtelijk, dus ik hoefde het dossier alleen maar over te dragen. Ook wij beseften dat er iets moest gebeuren, na twee jaar lang ploeteren zonder resultaat. Daarom stemden wij in met het voorstel, kregen het dossier overhandigd en vroegen schuldhulp aan bij de Sociale Dienst Drechtsteden te Dordrecht. Het dossier werd netjes overgedragen en we lieten hen weten wat er tot dat moment allemaal was ondernomen. Tot onze grote verbazing werd dat dossier onmiddellijk ongelezen in de prullenbak gegooid. Geen behoefte aan. Ze gaven aan het hele traject zelf te willen doen en begonnen dus weer helemaal van voor af aan. Het zou uiteindelijk nog ruim een jaar extra gaan duren voordat ze zover waren om het traject op te kunnen starten. Toen ik een baan kreeg aangeboden was ik dus nog niet helemaal van de Sociale Dienst Drechtsteden af, maar was ik in ieder geval niet meer afhankelijk van de bijstand.

Het jaar 2014 begon voor mij met een nieuwe baan en zonder bijstand. Het had niet beter kunnen beginnen. Eindelijk kon ik weer terug aan de slag in de functie die ik altijd met zoveel plezier had uitgevoerd, namelijk het werven en selecteren van IT personeel. Daarbij hoopte ik natuurlijk dat het langer dan zes maanden zou gaan duren, maar voor nu had ik in ieder geval de baan te pakken en ging ik vol enthousiasme weer aan de slag. Vreemd genoeg bemerkte ik bij mezelf dat ook ik inmiddels de nodige schade had opgelopen door mijn ervaringen bij de sociale diensten te Rotterdam en Dordrecht. Mijn zelfvertrouwen had een enorme dreun gehad en het koste mij bijzonder veel moeite om weer met hetzelfde zelfvertrouwen mijn werk te kunnen doen. Dat herstelde zich uiteindelijk wel weer, maar het ging met zeer kleine stapjes vooruit en lang niet zo snel als ik zelf zou willen.

Op een dag kreeg ik een telefoontje vanuit mijn netwerk, van een man die ik ooit eens had geïnterviewd in één van mijn radioprogramma's bij Smart FM, de toenmalige lokale omroep van Spijkenisse. Via LinkedIn had hij gezien dat ik een nieuwe functie had gekregen als recruiter en hij vroeg zich af of ik iemand binnen zijn kennisenkring zou kunnen helpen. Hij kende een jongen die dakloos was en dagelijks bij het Leger des Heils in Spijkenisse moest overnachten. Er was niemand die naar deze jongen omkeek, maar hij zou wel goed zijn met computers. Dat verhaal trof mij zeer diep, met name omdat ik wist hoe het voelt om in die positie te zitten. Het gevoel van machteloosheid en hopeloosheid was mij niet onbekend. Ik sprak af dat ik hem zou benaderen en hem uit zou nodigen voor een sollicitatiegesprek, om te kijken of we iets voor elkaar zouden kunnen betekenen. Niet veel later kwam hij naar kantoor en sprak ik met hem. Voor mij zat een jongen waarin ik zeker potentie zag. In het verleden had ik al meer mensen vanuit verschillende hoeken succesvol de IT binnengeloodst. Je zou kunnen zeggen dat ik daar altijd al een extra zintuig voor heb gehad, om het juiste soort mensen te spotten en om deze om te scholen, zodat ze ingezet konden worden op functies waar grote tekorten aan personeel waren. Dat kun je niet bij iedereen doen, maar ik heb altijd geweten hoe je de pareltjes er tussenuit kan vissen. Daar lag ook een groot deel van mijn kracht en het was de reden waarom ik lovende referenties had meegekregen van voormalige hiring managers.

De jongen die tegenover me zat was nog vrij jong, maar zijn manier van denken en handelen lieten mij zien dat hij alle potentie had om een zeer goede IT professional te worden. De situatie waarin hij verkeerde was echter wel een probleem. Nadat hij was vertrokken besloot ik met de directie te overleggen en om naar de mogelijkheden te vragen. Daar kreeg ik het voor elkaar om die jongen een kans te mogen geven. Ik zou mijn netwerk inzetten om een woning voor hem te vinden en van de directie kreeg ik toestemming om hem een baan, een IT opleiding en rijlessen aan te bieden. Zodra hij zijn rijbewijs zou hebben gehaald, zou hij ook een auto van de zaak krijgen. Via mijn netwerk kreeg ik het voor elkaar om een woning voor hem te vinden in Rotterdam. Daarmee had hij dus in één klap alles wat hij nodig had om volop met zijn toekomst bezig te kunnen zijn. Zodra ik alles geregeld had reed ik meteen naar Spijkenisse, waar ik hem opzocht bij het Leger des Heils. Daar kon ik hem vertellen over het aanbod wat ik voor hem had. Niet heel verassend accepteerde hij dat aanbod direct. Een nieuw avontuur was begonnen. Toen ik terugreed naar kantoor maakte zich een euforisch gevoel mij van meester en tegelijk deed het me heel klein voelen, want ik besefte ook heel goed dat ik slechts een kleine schakel in het geheel was. Maar toch dacht ik aan een leven dat nu veranderd was en een nieuwe kans kreeg. Dat wilde ik iedere dag wel kunnen doen!

Binnen enkele dagen kreeg deze jongen de sleutel van zijn nieuwe huis en kon hij beginnen met zijn nieuwe baan. Dat leek in het begin allemaal wel goed te gaan, maar al na enkele weken begon ik te constateren dat hij enigszins achterbleef met zijn opleiding. Toen het eenmaal tijd was voor zijn examens, zakte hij keer op keer. Dat was problematisch, aangezien het binnen de IT van groot belang is om je certificeringen up to date te hebben. Dat zorgt er namelijk voor dat je makkelijker op een opdracht geplaatst kan worden. Ook zijn er opdrachtgevers die dat als harde eis stellen. De investering van een opleiding en een rijbewijs moest natuurlijk wel ergens terugverdiend gaan worden. Toen ik het gesprek met hem aanging viel het mij plotseling op dat ik weer die uitgebluste blik zag, die ik ook zo vaak had gezien bij mensen die in de bijstand zaten of hadden gezeten. Hoe had ik dat over het hoofd kunnen zien? Maar toen besefte ik dat ik zelf ook al zo lang met deze groep mensen omringd was geweest, tijdens de verplichte bijeenkomsten van sociale diensten, dat het mij niet eens meer opviel. Om een lang verhaal kort te maken, deze jongen kon zich niet over die uitgeblustheid heen zetten, waardoor het hem niet lukte om goed genoeg te leren en hij dus bleef zakken voor zijn examens. Dat was voor iedereen een enorme tegenvaller. Uiteindelijk kreeg ik de opdracht om hem zijn ontslag te geven. Dat viel mij erg zwaar, maar tegelijk zag ik ook wel dat er geen andere keuze was. Zonder die certificeringen was hij niet tot nauwelijks inzetbaar. Deze jongen had nog heel wat hulp nodig om zijn leven weer op de rit te krijgen en om voldoende zelfvertrouwen terug te vinden om weer succesvol te kunnen zijn. Hoe het hem uiteindelijk is vergaan weet ik niet. Zover ik weet is hij nog wel in zijn huis blijven wonen. Uiteindelijk is hij uit mijn zicht verdwenen, hoewel ik me nog regelmatig afvraag hoe het nu met hem gaat.

Vreemd eigenlijk, dat je door alles wat je meemaakt je scherpe blik kan verliezen en dat het zoveel moeite kost om dat weer terug te krijgen. Behoorde ik inmiddels dan ook dat de groep mensen die uitgeblust was? Zo voelde het niet, maar ik bemerkte wel degelijk dat alles een stuk zwaarder ging dan voorheen. Dat lag ook wel een beetje aan de werkomgeving, maar ook zeker bij mijzelf. Het werd niet het succesverhaal waar ik zo op gehoopt had en na zes maanden verliep mijn contract dan ook, zonder dat deze werd verlengd. Ik voelde de bui alweer hangen en wilde koste wat het kost voorkomen dat ik weer bij de sociale dienst moest gaan aankloppen. Gelukkig had ik nog voor een aantal maanden recht op een WW uitkering, wat mij in ieder geval even de tijd gaf om een andere baan te vinden.

Hoewel ik natuurlijk weer solliciteerde naar een baan als recruiter, bleven de reacties daar vrijwel uit. Het drong uiteindelijk tot me door dat ik misschien eerst maar eens wat anders moest gaan doen. Weer een eigen bedrijf beginnen, wat ik het liefste zou doen, was uitgesloten. Dat is namelijk verboden zolang je in de schuldhulp zit. Maar ik had natuurlijk nog wel mijn taxipas en dus besloot ik om ook te solliciteren op die functies. Al redelijk snel werd ik uitgenodigd om op gesprek te komen bij een taxibedrijf in Dordrecht. Dat gesprek verliep heel goed en men liet mij weten dat ze de uitdaging wel aandurfden te gaan. Het probleem was echter dat ze nog geen fulltime functie voor mij hadden.

Dat zou er wel aan gaan komen, maar in beginsel was het parttime, op basis van een zogenaamd MUP contract. Dat staat voor 'Met Uitgesteld Prestatieplicht' en komt neer op een 0-uren contract. Tot mijn grote teleurstelling waren de uren nog niet eens genoeg om aan het benodigde minimuminkomen te geraken, dus moest ik na de paar maanden WW alweer bij de Sociale Dienst Drechtsteden aankloppen, wat ik met grote tegenzin deed.

Het zal je niet verassen, maar het hele circus begon weer van voor af aan. Weer die verplichte introductiebijeenkomst, weer de denigrerende toonzetting, weer het 'werk geeft vrijheid'. De uitkering werd uiteindelijk toegewezen. Ditmaal liep het echter een stuk anders, aangezien ik nu maandelijks mijn inkomen moest doorgeven. Maar goed, ik had in ieder geval zicht op een fulltime positie, dus dan maar even doorbijten. Die belofte is uiteindelijk nooit waargemaakt, maar het werk was ditmaal een stuk leuker en dragelijker dan het traject waar ik eerder in had gezeten. Dat komt waarschijnlijk omdat ik die baan op eigen initiatief had gevonden en er dus niemand zijn best hoefde te doen om een bonus binnen te halen, maar dat is maar een gokje. Het feit dat dit op basis van een MUP contract plaatsvond nam een nieuwe uitdaging met zich mee. Binnen de taxibranche is het kennelijk normaal dat mensen met een MUP contract pas een maand later hun salaris krijgen. Wanneer je bijvoorbeeld de maand januari werkte, dan kreeg je die uren eind februari pas uitbetaald. Feit was echter wel dat ik de gewerkte uren moest opgeven bij de sociale dienst, die vervolgens wel direct in mindering werden gebracht op mijn uitkering. Daarmee had ik de eerste maand dus een groot probleem, aangezien ik daardoor maar zo'n 300 euro aan inkomen had, maar wel al mijn vaste lasten moest voldoen. Het was absoluut uit den boze om nieuwe schulden te laten ontstaan, aangezien je anders direct uit de schuldhulp wordt gegooid. Bovendien konden we ons huis weer verliezen als er geen huur zou worden betaald. En dan heb ik het nog niet eens over geld voor de boodschappen.

Het kostte mij vele telefoongesprekken voordat er eindelijk iemand bij de Sociale Dienst Drechtsteden was die bereid was om te luisteren. Vervolgens koste het behoorlijk wat tijd alvorens men begreep dat het salaris met een maand vertraging werd uitbetaald. Op begrip hoefde ik in eerste instantie echter niet te rekenen. Men bleef het op die manier doen en ik moest maar genoegen nemen met 75% minder inkomen die maand. Totdat ik opperde dat het dan wellicht beter was om ontslag te nemen, aangezien ik dan een volledige uitkering zou krijgen en gewoon mijn vaste lasten kon voldoen. Voor de duidelijkheid, ik kreeg een aanvullende bijstandsuitkering. Dat betekende dat de bijstand het verschil tussen mijn salaris en de hoogte van een bijstandsuitkering aanvulde. Per saldo kreeg ik dus hetzelfde inkomen als een bijstandsgerechtigde die de hele dag thuis op de bank zat, maar had ik wel gewoon een (parttime) baan. Alleen kreeg ik er nu dus ook nog de ellende bij dat ik de eerste maand met 75% minder inkomen zat dan de mensen die thuis op de bank zaten. Werk loont? Kennelijk niet dus. Natuurlijk kreeg ik direct te horen dat het nemen van ontslag gevolgen zou hebben voor mijn uitkering. Dat was ik natuurlijk niet van plan, maar ik liet ze liever even in die waan om aan die kant wat in beweging te kunnen krijgen. Na heel erg veel telefoontjes, die daar als zeer irritant werden beschouwd, kwam men dan uiteindelijk tot de conclusie dat er iets gedaan moest worden en zou de uitkering parallel worden getrokken aan het moment waarop ik daadwerkelijk salaris kreeg uitbetaald. Echt van harte ging dat echter niet. De moeite die me dat heeft gekost en het gebrek aan empathie waar ik tegenaan ben gelopen waren precies de reden waarom ik er zo tegenop had gezien om weer bij de Sociale Dienst Drechtsteden te moeten aankloppen.

In datzelfde jaar, het was 2014, kregen we ook eindelijk bericht dat alle schuldeisers nu wel wilden meewerken aan een minnelijk schuldhulptraject en ging het traject dan eindelijk van start, vijf jaar na het ontstaan van de schulden en drie jaar na de eerste pogingen om het traject opgestart te krijgen. Daarmee ging ons inkomen omlaag naar ik dacht zo'n € 1.050 per maand. Het kan een paar tientjes meer zijn geweest, maar veel meer was het niet. De daarop volgende drie jaar zou dat ons nieuwe maandinkomen zijn, ongeacht hoeveel ik zou verdienen. Alles boven dat bedrag werd afgeroomd door de schuldhulp en apart gezet voor de afbetaling van schulden. Van dat bedrag moesten wij onze huur, gas, water, licht, telefoon, internet, zorgverzekeringen en boodschappen betalen. Maar ja, het hoort er nu eenmaal bij wanneer je van je schulden af wil komen. Het uitzicht was dan ook dat we na drie jaar op een houtje bijten eindelijk schuldenvrij zouden zijn. Dat alleen al was ons alles waard, waarbij we ons hebben voorgenomen om nooit meer enige vorm van lening of financiering te nemen, ook niet zakelijk. Ik wil zelfs geen hypotheek. In financieel opzicht wil ik niemand meer iets schuldig zijn.

HOOFDSTUK 7

VERSTRIKT IN 'HET LAATSTE VANGNET'

In de periode die volgde ontstond er een redelijke routine. Hoewel de beloofde fulltime positie uitbleef en ik geen baan kon vinden waar ik zonder auto zou worden aangenomen, reed ik dagelijks op de taxi. Iedere dag stond ik om 6:00 uur op en een uur later vertrok ik om schoolkinderen op te halen en naar hun scholen te brengen. Na 9:00 uur was ik dan weer terug en kon ik worden opgeroepen voor ritjes tussendoor, wat ook regelmatig gebeurde. Rond 14:00 uur ging ik weer op weg om de kinderen weer van hun scholen te halen en thuis te brengen. Daarna bracht ik andere kinderen naar naschoolse opvang of naar speciale groepen voor kinderen met gedragsproblematiek. Rond 17:00 uur was ik dan weer thuis en kon ik even eten. Om 18:00 uur ging ik weer op weg om de kinderen van die groepen op te halen en thuis te brengen. Daarna ging ik altijd nog naar het ziekenhuis om diverse dialyse patiënten weer thuis te brengen. Mijn dag eindigde meestal zo rond 21:00 uur. Al met al was mijn dag hiermee behoorlijk gevuld, maar alleen de uren dat er daadwerkelijk iemand in de taxi zat kreeg ik uitbetaald. De rest werd als woon- werkverkeer beschouwd. Dit alles leverde mij een netto maandinkomen van tussen de € 600 en € 800 op. Ik deed het werk echter met plezier. Gevoelsmatig waren dit echter werkdagen van 7:00 tot 21:00 uur. Stilzitten was er dus niet bij, maar dat gaf ook niet. Ik ben een voorstander van routine en stilzitten is nooit echt mijn ding geweest. De tijd die ik tussen de ritten door had bestede ik aan dagelijkse sollicitaties en aan het lezen en bestuderen van de Bijbel. Dat laatste doen Christenen nu eenmaal en bovendien had dat ook mijn interesse en schreef ik op wat ik daaruit leerde. Regelmatig publiceerde ik daar het een en ander van online.

Hoewel het werk best leuk was om te doen, was de situatie natuurlijk niet ideaal. Deze baan leverde mij nauwelijks iets op. Ik kwam immers nooit boven het bijstandsniveau uit met een parttime baan. Zorgvuldig bekeek ik regelmatig de opties die ik had. In het recruitment leek voorlopig niets beschikbaar te zijn voor mij. Terug naar mijn werk als IT professional zou wel kunnen, maar mijn kennis was inmiddels zeer gedateerd. Daarvoor zou dus een opleiding nodig zijn, zodat ik mijn certificeringen kon behalen. De schaarste aan goede gecertificeerde IT professionals was (en is) zo groot, dat je met de juiste certificeringen altijd overal inzetbaar bent. Dat is dus een 100% baangarantie. Maar ja, uit eigen zak kon en mocht ik het niet betalen. Dat is verboden als je in de schuldhulp zit. In het schuldhulpcontract staat immers expliciet vermeld dat het volgen van een opleiding niet is toegestaan tijdens het traject. Maar toen zag ik een bericht voorbij komen wat mij weer enige hoop gaf. Via het UWV waren er opleidingsvouchers beschikbaar voor mensen die om wilden scholen naar een beroep waar schaarste in was. Ook de IT werd daarbij vermeld. Bij navraag constateerde ik dat ik aan alle voorwaarden voldeed. Dit was mijn weg uit de bijstand! Enthousiast nam ik direct contact op met de Sociale Dienst Drechtsteden en liet hen weten dat ik een opleiding kon gaan volgen, met behulp van de UWV opleidingsvouchers, en dat ik hierdoor gegarandeerd weer een fulltime baan zou kunnen krijgen. Zwijgend liet men mijn verhaal doen. Toen ik uitgesproken was liet de dame aan de andere kant van de lijn mij weten mijn enthousiasme niet te delen. Het werd mij verboden om gebruik te maken van de opleidingsvouchers. Zou ik dat wel doen, dan had dit gevolgen voor mijn uitkering. Men had eigen trajecten bij de Sociale Dienst Drechtsteden. Het spijt mij zeer, maar dat stuitte bij mij op volledig onbegrip. Wederom laat het zien dat er kennelijk hele andere belangen spelen dan het aan het werk krijgen van mensen in de bijstand. Via hun eigen trajecten staan er bonussen en subsidies tegenover, die men misloopt als burgers zelf via een andere weg aan de slag kunnen gaan. Zoals ik al vele malen heb gezegd, zeg ik ook nu weer dat dit systeem kapot is. Wanneer er andere belangen spelen, dan is het aan corruptie onderhevig. Later werd in alle toonaarden ontkend dat deze uitspraken waren gedaan, maar ook dat is typerend voor ambtenaren van de sociale dienst. Die vergeten regelmatig essentiële uitspraken en om hun taken naar behoren uit te voeren, om de schuld vervolgens bij de burger neer te leggen. Er zat niets anders op dan gewoon verder te gaan met mijn werk op de taxi.

In de eerste helft van 2017 begon er een verandering te komen die niet bepaald gunstig was. Vanuit het niets begon ik opeens last te krijgen van onverklaarbare paniekaanvallen. Dit kwam tot uiting door vergaande hyperventilatie en tintelingen over mijn hele lichaam. Eén keer ging het echter zo ver dat ik de taxi aan de kant van de weg heb moeten zetten en in elkaar zakte. Gelukkig waren er snel collega's ter plaatse en bleef ik gewoon bij bewustzijn, maar ik heb me wel een paar dagen ziek moeten melden. Maar ook in de periode daarna werden deze symptomen niet minder, maar alleen maar erger. Uiteindelijk is in overleg met de werkgever besloten dat het niet langer verantwoord was om in die conditie met passagiers te gaan rijden. In juni 2017 kwam ik volledig in de ziektewet terecht, waarna het al snel verder bergafwaarts ging. Het werd zo erg dat ik ernstige hartproblemen begon te ervaren, op een manier zoals ik nooit eerder had meegemaakt. Wanneer ik 's morgens opstond, dan kreeg ik vrijwel dagelijks een soort van aanval rond mijn hartstreek, waardoor al mijn energie voor die dag in één klap weg was. Dat was bijzonder beangstigend, met name omdat er in mijn familie meerdere mannen vroegtijdig aan hartfalen zijn gestorven, inclusief mijn vader. Ik kon ook geen licht meer verdragen en het kijken naar een televisie, monitor of telefoon lukte niet meer. Het enige wat ik kon was doodstil zitten en hopen dat het snel weer over zou gaan. Zoiets duurde meestal uren. Wat heb ik me toen waardeloos gevoeld. Opeens durfde ik ook niet meer de straat op, zelfs niet om even naar de winkel aan de overkant te gaan. Wat als ik weer zo'n aanval zou krijgen? Ik durfde niets meer en wilde alleen nog maar thuis blijven zitten, zonder de deur uit te gaan. Nader onderzoek wees echter uit dat het gelukkig helemaal niet ging om daadwerkelijke hartklachten, maar om een burn-out, in combinatie met paniekaanvallen. Daarbij kun je dezelfde soort symptomen ervaren, die identiek voelen, maar niet gevaarlijk zijn. De arts gaf mij te kennen dat ik te lang onder grote druk had gestaan en dat mijn lichaam daar nu op aan het reageren was. Maar dat gebeurde toch alleen bij andere mensen? Zoiets kon ik niet hebben. Dat was nu weer zoiets waar ik ook mijn hele leven commentaar op had gehad, op die mensen die zich zomaar ziek melden vanwege overspannenheid of een burn-out. Maar nu ik het zelf meemaakte realiseerde ik me pas hoe reëel die klachten zijn. Dit heeft een aantal maanden geduurd en het heeft me behoorlijk wat kracht gekost om niet toe te blijven geven aan die angsten, maar uiteindelijk heb ik ze overwonnen, begonnen de lichamelijke (hart)klachten af te nemen en begon het leven weer normale vormen te krijgen.

Eind september 2017 had ik weer een afspraak bij de UWV arts. Al een paar keer had ik erop aangedrongen dat ik inmiddels wel graag uit de ziektewet zou willen. Mijn huis was als een gevangenis voor mij geworden en de muren leken steeds weer een stukje dichterbij te komen. In overleg met mijn huisarts waren we al tot de conclusie gekomen dat het goed zou zijn als ik weer meer ging ondernemen en alles stapsgewijs weer op zou gaan bouwen. De UWV arts stemde in, maar gaf net als mijn huisarts aan dat ik voorzichtig en met kleine stapjes weer moest gaan opbouwen. Anders zou ik daar binnen de kortste keren weer zitten en dat was natuurlijk niet de bedoeling. Het advies luidde dan ook om eerst te beginnen met één of twee uur per dag en om dat een week of twee aan te zien. Als dat goed ging, konden daar stapsgewijs uren aan worden toegevoegd. Wat een opluchting! Het probleem was echter dat mijn arbeidscontract tijdens mijn ziekteperiode ten einde was gelopen. Feitelijk had ik dus geen werkgever meer. Maar daar liet ik mij niet door tegenhouden. Ik trok de stoute schoenen aan en nam contact op met mijn voormalige werkgever. Ik kreeg te horen dat ik één van de weinige chauffeurs was die men blindelings iets toe kon vertrouwen en dat ik mijn werk altijd uitstekend had gedaan. Niet alleen was men blij om iets van mij te horen, ze wilden mij ook graag een nieuw contract aanbieden. Er was alle begrip voor dat de werkzaamheden moesten worden opgebouwd en die ruimte zou ik ook volledig krijgen.

Op maandag 2 oktober 2017 belde ik enthousiast naar de Sociale Dienst Drechtsteden en liet een medewerker van de 'klantenservice' weten dat ik mij weer beter meldde, dat mijn voormalige werkgever mij een nieuw contract had aangeboden en dat men volledige medewerking gaf aan het langzaam opbouwen van de werkzaamheden. Nog geen uur later werd ik teruggebeld door mijn klantmanager. Bij de Sociale Dienst Drechtsteden noemen ze dat een 'regisseur', omdat men wil benadrukken dat je zelf geen enkele invloed meer hebt op je eigen leven, maar dat zij dat hebben. Zij hebben alle regie over jouw leven in handen en jij mag slechts een rol spelen. Dan had je maar een baan moeten vinden. Afijn, ik heb steeds steevast geweigerd om naar een regisseur te vragen, aangezien ik de regie aan niemand anders uit handen geef. Ik werd dus binnen een uur teruggebeld door mijn klantmanager. Deze was niet enthousiast over het feit dat mijn werkgever mij terug in dienst wilde nemen. Het moest maar eens afgelopen zijn met al dat parttime werk van mij. De taxi was bovendien toch niks voor mij. Het werd hoog tijd dat ik fulltime aan de slag ging. Ik probeerde nog te vertellen over de situatie waar ik zojuist uit was gekomen en dat ik mijn werkzaamheden moest opbouwen, maar er werd niet geluisterd. Ik wilde gewoon niet werken en daar moest maar eens verandering in gaan komen. Mevrouw de klantmanager zou dat wel even gaan regelen. Als ik het nieuwe contract bij mijn voormalige werkgever zou accepteren, dan zou dit gevolgen hebben voor mijn uitkering. Het zou mij inmiddels niet meer moeten verbazen, maar het blijft een hele opmerkelijke manier van het omgaan met mensen. Met de nadruk op 'mensen'. Mevrouw zou spoedig van zich laten horen. Kennelijk had ze haar target of bonus nog niet gehaald, want we waren immers al bezig aan het laatste kwartaal van 2017.

Twee dagen later werd er een brief naar ons verzonden. Er was een onderzoek naar ons ingesteld. Beter gezegd, er was een onderzoek ingesteld naar de Christelijke stichting 'LoveUnlimited Ministries', waar wij zitting hadden en hebben in het bestuur. Tegen ons persoonlijk was geen onderzoek ingesteld. Een opmerkelijke zet. Op dit punt parkeer ik het verhaal even om een paar stappen terug te doen.

Vanuit mijn persoonlijke geloofsovertuiging begon ik in 2003 met het publiceren van Bijbelstudies op een aantal eigen websites. Toen in 2006 bleek dat sommige mensen dit mee wilden ondersteunen en deze inkomsten op mijn persoonlijke bankrekening binnenkwamen, concludeerde ik dat dit niet de meest handige constructie was. Daarop heb ik destijds besloten om een stichting op te richten, met een eigen bankrekening, om daarmee de geldstromen gescheiden te houden. In juli 2006 werd de stichting officieel opgericht en ingeschreven bij de Kamer van Koophandel. Door de jaren heen zijn de activiteiten uitgebreid van het publiceren van Bijbelstudies naar het organiseren van samenkomsten. Tevens waren er inmiddels meerdere vrijwilligers bij de activiteiten betrokken. Naast deze activiteiten had de stichting ook een webwinkel, waar zalfolie werd verkocht. Het gebruik van zalfolie was een relatief onbekend gebruik binnen Christelijke kringen, waardoor de stichting dit wilde stimuleren en hierover wilde onderwijzen. De zalfolie werd echter zonder winstoogmerk verkocht, in lijn der statuten. In 2012 werden de webwinkel activiteiten tijdelijk opgeschort. Bij de aanvang van de uitkering, eind 2014, is door mij netjes melding gemaakt van het bestaan van de stichting en van haar activiteiten. Een reactie bleef echter uit. In december van dat jaar stuurde ik nogmaals een e-mail, met verwijzing naar het vorige bericht, met dezelfde informatie. Ditmaal stuurde de Sociale Dienst Drechtsteden een ontvangstbevestiging voor beide berichten, maar een inhoudelijke reactie bleef uit.

In de loop van 2015 kwam er vanuit de vrijwilligers de vraag om de webwinkel weer voort te zetten, om daarmee meer aandacht te creëren voor het gebruik van zalfolie. Voor dit doel had één der vrijwilligers een budget beschikbaar gemaakt, door het benodigde bedrag aan de stichting te doneren. Vanuit het bestuur werd hier positief op gereageerd en een nieuwe voorraad werd besteld vanuit de Verenigde Staten. Ook al had ik de activiteiten van de stichting reeds gemeld aan de sociale dienst, toch nam ik ook hier de moeite om een bericht te sturen over het voortzetten van de webwinkel. Dit was immers geen persoonlijk eigendom en inkomsten kwamen ten goede aan de stichting. In mijn bericht heb ik uiteengezet wat er ging gebeuren, dat dit het werk van een groep vrijwilligers was en dat geen der vrijwilligers hier een vergoeding voor ontvingen. Ook wij kregen geen vergoeding. De inkomsten van de stichting werden voor 100% ingezet voor de doelstellingen van de stichting. Tot slot stelde ik dat als er nog vragen zouden zijn, dat ik dan altijd bereid was deze te beantwoorden en bereikbaar was per telefoon of e-mail. Ook hierop ontving ik een ontvangstbevestiging vanuit de Sociale Dienst Drechtsteden, maar ook hier bleef een inhoudelijke reactie achterwege. Het begon een trend te worden.

In juni 2016 werd vanuit de stichting besloten om een studie van mij te publiceren als boek en e-book. De stichting zou als uitgever functioneren en een oplage van 100 boeken werd besteld bij de drukker. Voordat daar iets mee ondernomen werd zorgde ik ervoor dat er wederom een bericht werd gestuurd naar de sociale dienst, waarin ik van dit gegeven melding maakte. "Omdat dit de schijn kan wekken dat ik hier persoonlijk inkomsten uit verkrijg, wil ik daar via deze weg direct openheid over geven", zo stelde ik in mijn e-mail. De kosten voor publicatie werden vanuit de stichting gedragen, dus de inkomsten zouden in de komende tijd worden aangewend om die kosten weer te dekken. Ook hier stelde ik wederom: "Ikzelf verkrijg geen inkomsten vanuit de stichting, maar behoor ook tot de groep mensen die dit werk mee ondersteund, ook al kan ik geen grote bijdragen geven." Hierop ontving ik een ontvangstbevestiging vanuit de Sociale Dienst Drechtsteden, maar ook hier bleef een inhoudelijke reactie achterwege. Het was inmiddels geen verassing meer. Een aantal boeken werden gratis ondergebracht bij het CBC, de Christelijke afdeling van het Centraal Boekhuis, van waaruit deze automatisch via alle Nederlandse verkoopkanalen werden aangeboden.

In de brief die wij in oktober 2017 van de Sociale Dienst Drechtsteden mochten ontvangen liet men ons weten dat ze zouden hebben 'ontdekt' dat wij een stichting hebben, dat er een webwinkel was en dat er boeken werden verkocht. Dit was voor hen de reden voor het instellen van een onderzoek. Dat was natuurlijk een drogreden, want al die activiteiten waren immers netjes gemeld en de ontvangst van deze berichten was door hun eigen klantenservice bevestigd. Deze reden werd echter gebruikt om de volledige administratie van de stichting op te vragen, onder dreiging van het stopzetten van de uitkering. Op dit punt begon het al direct een zeer ernstige zaak te worden, omdat hier het machtsmisbruik begon tegenover een rechtspersoon en ten opzichte van mijn vrouw en mij. Vanuit het bestuur konden wij geen enkele wettelijke legitieme reden ontdekken om aan deze sommatie gehoor te geven. De stichting ontving immers geen bijstand, kende geen eigenaren of begunstigden en had derhalve geen enkele connectie met de Gemeente Dordrecht of de Sociale Dienst Drechtsteden. Wij lieten dan ook weten aan dit verzoek geen gehoor te geven, aangezien de stichting een rechtspersoon is en deze rechtspersoon eigen rechten en plichten kent. Het afleggen van verantwoording aan een Nederlandse gemeente behoort niet tot die plichten. Het werd een welles nietes spelletje, waarbij de sociale dienst natuurlijk aan het langste eind trok. Onze uitkering werd eerst opgeschort en daarna beëindigd. Doordat ik in eerder stadium geen arbeidscontract had mogen accepteren, betekende dit dat ons volledige inkomen nu was weggevallen en dat er nieuwe schulden begonnen te ontstaan als gevolg daarvan.

HOOFDSTUK 8

VOOR DE TWEEDE KEER DAKLOOS

Niet alleen was het verzoek van de Sociale Dienst Drechtsteden onrechtmatig, maar het bleek tevens dat men alleen interesse had in de stichting. Opvallend was dat mijn vrouw en ik niet werden onderzocht. De reden waarom dit zo opvallend is is omdat mijn vrouw en ik de twee natuurlijke personen waren die een uitkering ontvingen in het kader van de participatiewet, ofwel een bijstandsuitkering. Daarom moet iedere vorm van onderzoek dan ook daar beginnen, bij de bijstandsgerechtigden. Maar die stap is voor het gemak maar in z'n geheel overgeslagen. Zo is er niet gecontroleerd op persoonlijke financiën, bankafschriften, belgegevens, ov-chipkaarttransacties of energienota's. Er is geen huiszoeking geweest, geen buurtonderzoek en geen observaties. Wij zijn nooit uitgenodigd voor een gesprek, zijn nimmer verhoord en nooit gehoord, waarmee tevens de wettelijke hoorplicht is verzaakt. Al deze middelen zouden tot de bewijslast van de Sociale Dienst Drechtsteden behoren, maar zijn nimmer toegepast. Er is geen enkel dossier van verhoor en er zijn ook geen ondertekende verklaringen van ons. De reden waarom ik dit aanhaal is omdat deze gegevens van rechtswege in het dossier zouden moeten zitten, maar geheel ontbreken.

En dan is er de stichting. De Stichting LoveUnlimited Ministries. Een Christelijke stichting die inderdaad bepaalde activiteiten uitvoert, zoals hiervoor omschreven. Als burger zou ik de zekerheid moeten kunnen hebben om op de wet te kunnen vertrouwen. Persoonlijk zie ik de wet als een meetinstrument. Iedere situatie kan daarnaast worden gelegd. Alles wat daarvan afwijkt, hetzij weinig, hetzij veel, is krom. Dat is heel simplistisch gezegd, maar dat is wel waar het op neer zou moeten komen. De wet zou zekerheden moeten bieden, voor zowel de overheid als haar burgers. Diezelfde wet heeft o.a. aan stichtingen de status van rechtspersoon toegekend. Feitelijk betekend dit dat de stichting wettelijk gezien als een apart persoon beschouwd moet worden. Een persoon met eigen verantwoordelijkheden, rechten en plichten. Dit is vastgelegd in het Burgerlijk Wetboek 2 en is tot op de dag van vandaag nog steeds een geldige wet. Daarbij staat tevens vast dat er geen enkele andere wet melding maakt van het ongedaan maken van de status van rechtspersoon. Dit betekend dat de overheid en al haar burgers die status zouden moeten respecteren. Die wet is immers voortgekomen uit democratisch genomen beslissingen, die de wil van het volk vertegenwoordigen. Aangezien de Stichting LoveUnlimited Ministries dus een eigen persoon is en geen uitkering ontving van de Sociale Dienst Drechtsteden, bestond er daarmee ook geen enkele wettelijke plicht om verantwoording af te leggen of om inzicht te geven in administratieve stukken. De wet stelt namelijk duidelijk dat het Openbaar Ministerie de wettelijke autoriteit heeft ontvangen om stukken op te mogen eisen en om een onderzoek te mogen starten. Aan Nederlandse gemeentes of aan sociale diensten wordt die autoriteit niet toegekend. Zelfs het Openbaar Ministerie mag niet zomaar stukken opeisen en een uitgebreid onderzoek starten. Daarvoor moet het OM eerst naar de rechter, moeten zij de rechter overtuigen van ernstige twijfel en wanneer de rechter daar ook van overtuigd is, dan geeft deze pas toestemming voor een dergelijk onderzoek. Er zijn dus heel bewust lagen ingebouwd om te voorkomen dat ambtenaren hun gezag misbruiken.

Ik zal proberen uit te leggen wat er aan deze constructie nu precies zo krom en onwettig is. Het onderzoek van de Sociale Dienst Drechtsteden heeft zich volledig gericht op de stichting. Dat onderzoek is overigens nooit naar behoren uitgevoerd, maar daar kom ik later op terug. De stichting werd dus 'onderzocht', maar niet van rechtswege in de zaak betrokken. Dat betekend dat de stichting zich niet mocht verweren en dit 'onderzoek' maar gewoon moest ondergaan. Mijn vrouw en ik werden op persoonlijk niveau steeds verantwoordelijk gehouden voor wat de Sociale Dienst Drechtsteden bij de stichting als 'fraude' beschouwde, maar naar ons persoonlijk is er nooit een onderzoek ingesteld. Hierdoor zijn de rechten van de stichting geschonden, maar ook die van ons. Ook wij hebben namelijk recht op een gedegen, deskundig en onbevangen onderzoek. Dus wij moesten ons verantwoorden voor de rechtspersoon Stichting LoveUnlimited Ministries, waar het onderzoek zich op gericht had, maar de stichting mocht zich niet verweren. Onze uitspraken konden derhalve ook niet namens de stichting plaatsvinden, aangezien de rechtspersoon geen partij was. Waar wij wel uitspraken over konden en mochten doen waren onze privé financiën en onze privé situatie, maar dat stond niet ter discussie omdat er naar ons persoonlijk nooit een onderzoek was ingesteld. Per saldo kun je dan dus vrijwel niets inbrengen. Onbevangen was het onderzoek overigens ook geenszins, want wij waren op voorhand reeds schuldig verklaard. In de bekrompen denkwijze van de betrokken ambtenaren was er dan ook geen enkele andere optie mogelijk dan dat wij schuldig zouden zijn aan fraude. Met die bril op is het 'onderzoek' uitgevoerd. De optie dat er mogelijk twee mensen zouden zijn die onschuldig konden zijn was in hun belevingswereld volledig uitgesloten.

Wat moet je in zo'n situatie? Ik weet nog hoe mijn vrouw helemaal overstuur bij mij kwam en vroeg of dit nu betekende dat we voor de tweede keer ons huis zouden gaan verliezen. Natuurlijk probeerde ik haar zoveel mogelijk gerust te stellen en te troosten. Ze had toch al zoveel meegemaakt en was daarbij al jaren aan het worstelen met haar gezondheid, als gevolg van een ingrijpende operatie, die ze in 2011 had moeten ondergaan. Dit was overigens ook de reden waarom ik in die tijd als enige moest zien te voorzien in een inkomen voor ons beiden. Hoe verschrikkelijk voelt het om je vrouw niet echt gerust te kunnen stellen en haar voor te moeten bereiden op de mogelijkheid dat we weer dakloos zouden gaan worden, nadat we net alles weer een beetje hadden opgebouwd. Veel mensen weten niet hoe wij geleefd hebben in de jaren ervoor, maar ik kan je verzekeren dat dit in alle eenvoud is geweest. Geld voor dure spullen en meubelen was er niet, dus alles wat er stond kwam van de kringloop en was inmiddels hard aan vervanging toe. Maar het waren onze spullen, het was onze plaats, dus voor ons was het een thuis. Tevens behoorden wij ook niet tot de categorie mensen die bij bijvoorbeeld een Wehkamp op rekening gingen bestellen. Wanneer wij iets wilden aanschaffen dan wilden wij dit doen met geld wat we ook daadwerkelijk beschikbaar hadden. Aangezien wij in die tijd in de schuldhulp zaten kwam het er dus op neer dat onze uitgaven vrijwel exclusief naar de vaste lasten gingen. En naar het mee ondersteunen van het werk van de stichting, want je moet zelf natuurlijk wel het goede voorbeeld geven.

Kort nadat ik de stichting in 2006 had opgericht, ging ik naar mijn toenmalige boekhouder met het verzoek de administratie te beheren en de belastingaangiftes te doen. Een BTW nummer werd aangevraagd en de Belastingdienst nam de stichting onder de loep. Al snel concludeerde men dat de financiële stroom van de stichting niet interessant genoeg was voor hen en dat de stichting meer BTW terug zou kunnen vragen dan dat deze zou moeten betalen. Derhalve besloot de Belastingdienst om geen BTW nummer toe te kennen en werd de stichting dus vrijgesteld van de BTW plicht. Een bezwaar hiertegen bracht geen verandering in het standpunt. Daarmee kwam dus ook de aangifteplicht te vervallen. Hierop stelde mijn toenmalige boekhouder dat het onzin was om kosten te maken voor de administratie van de stichting, aangezien er geen aangifteplicht bestond en er toch niemand was die er iets mee deed. In dat advies zijn wij destijds meegegaan. Tegen de tijd dat het eind 2017 was was de boekhouding dan ook niet up to date, aangezien deze niet volledig was bijgehouden. Hoewel de sommatie van de Sociale Dienst Drechtsteden niet legitiem en wettelijk was, waren mijn vrouw en ik persoonlijk wel in een onmogelijke situatie gebracht. Zij hadden de macht om de uitkering stop te zetten en terug te eisen, wat men dus ook deed. Als blijk van goede wil besloten wij daarom om, samen met een aantal vrijwilligers, de boekhouding volledig up tot date te maken.

Toen de boekhouding eenmaal up to date was, leefde bij ons de vraag hoe wij de persoonsgegevens van alle betrokkenen zouden gaan beschermen. Door deze onwettige sommatie werden er immers ongewenst meerdere personen bij betrokken. Zie hier één van de redenen waarom de wet meerdere lagen heeft ingebouwd om een onderzoek te mogen beginnen. Het bestuur van de stichting wordt geacht zich aan de privacywetgeving te houden en deze sommatie ging alle grenzen over. Daarom verzochten wij ook om de persoonsgegevens van derden onherkenbaar te mogen maken. Dat verzoek werd echter expliciet afgewezen. Men wilde alle namen en alle persoonsgegevens kunnen zien. Op de vraag wat men met deze gegevens wenste te gaan doen weigerde men antwoord te geven. Tot op de dag van vandaag is daar nog steeds onduidelijkheid over. Wij stonden echter met onze rug tegen de muur, dus een keuze hadden we niet echt. We besloten het maar alsnog aan te leveren conform de sommatie. Aangezien we alles zo uitgebreid en inzichtelijk mogelijk wilden aanleveren, hadden we diverse rapportages gemaakt. De omvang werd hiermee ook wat aan de grote kant, dus plaatste ik alles in PDF vorm in onze cloud omgeving. Een download link werd naar de gemeente gestuurd. En toen werd het stil. Pas na het verstrijken van alle termijnen kregen wij opeens het antwoord dat men weigerde om stukken uit onze cloudomgeving te downloaden. Wij dienden alles uit te printen en persoonlijk aan te komen leveren. Uiteindelijk is alles uitgeprint en door onze advocaat persoonlijk afgeleverd. Toen werd het weer stil.

Geheel binnen de lijn der verwachting ontstond er bij ons een acute geldnood. Per 1 november 2017 was de uitkering stopgezet, maar alle vaste lasten liepen natuurlijk gewoon door. Onze advocaat vroeg een voorlopige voorziening aan bij de rechtbank en in december stonden we dan voor de eerste keer in de rechtszaal. Tot op dat moment hadden wij geen enkel idee wat men ons nu precies ten laste legde of welke vragen er überhaupt waren. Er was immers geen onderzoek geweest en wij waren nooit ergens over ondervraagd. Toch had de Sociale Dienst Drechtsteden haar besluiten reeds genomen en was de fase van bezwaar reeds voorbij. Pas in de rechtszaal hoorden wij voor het eerst de term 'financiële verwevenheid' onze kant opvliegen. Dat bevreemde mij zeer. Wij waren ons er altijd zeer van bewust hoe belangrijk het is om financiële stromen van de stichting en privé gescheiden te houden, juist om iedere schijn van belangenverstrengeling te voorkomen. Om die reden hebben wij er altijd voor gekozen om nog geen cent van de rekening van de stichting naar onze privérekening te laten gaan. Niet in de vorm van vrijwilligersvergoedingen, maar ook niet voor onkostendeclaraties. Wij droegen alle kosten altijd zelf. Maar laat het maar aan ambtenaren over om daar een rare draai aan te geven. Ter zitting werden er opeens diverse willekeurige transacties van de stichting uit de hoge hoed getoverd, die opeens als privé-uitgaven werden gelabeld. De rechter ondervroeg mij direct over die transacties, zonder mij enige ruimte te geven om dit uit te zoeken. Ik moest alle transacties uit mijn hoofd op kunnen dreunen. Dat ik al deze transacties niet als parate kennis in mijn hoofd had zitten vond zij zeer verdacht. Zelden heb ik zo'n vooringenomen rechter gezien. De voorlopige voorziening werd afgewezen. Achteraf gezien had deze rechter zoveel signalen van vooringenomenheid gegeven dat wij haar hadden kunnen wraken, maar over die kennis beschikte ik toen nog niet. De volgende gelegenheid om deze zaak te kunnen verdedigen zou pas bij de bodemzitting zijn. In Nederland betekend dit dat je dan minimaal een jaar verder bent, alvorens die zaak behandeld wordt.

Onze advocaat liet mij weten dat het mogelijk is om opnieuw een bijstandsuitkering aan te vragen. Wanneer je dat doet, dan mag er niet worden gezien op het verleden, maar moet men dat moment als peilmoment nemen, dus los van de andere lopende zaken. Op dat moment moet er dan gekeken worden naar je financiële situatie en op basis van dat peilmoment moet een beslissing worden genomen. Op de eerste werkdag van 2018 vroegen wij direct een nieuwe uitkering aan. We hadden ook geen andere keuze, want een andere vorm van inkomen hadden we niet en de dreiging van het wederom verliezen van ons huis hing als een duistere wolk boven ons. Direct na deze aanvraag werden er dezelfde stukken van de stichting opgeëist, inzake de andere lopende zaak, maar werd er weer niet naar onze persoonlijke situatie gekeken. Dat hadden ze dus bij die aanvraag niet mogen doen, aangezien die aanvraag zag op een nieuw pijlmoment. Wat wij ook aanleverden, men bleef steeds maar stellen niet over voldoende informatie te beschikken om het recht op bijstand vast te kunnen stellen. Na ruim de tijd te hebben genomen kwam er dan ook geen toewijzing, maar ook geen afwijzing. Er werd een heel gemeen juridisch trucje toegepast. De aanvraag werd buiten behandeling gesteld. Want te weinig informatie. Door een buitenbehandelingsstelling hoeven de ambtenaren het niet langer over de inhoud te hebben en kunnen alle kritische vragen vermeden worden. Men hoeft zich enkel te verschuilen achter de stelling 'te weinig informatie om het recht vast te kunnen stellen'. Hierop vroeg onze advocaat weer een voorlopige voorziening aan.

In maart 2018 stonden we voor de tweede keer in de rechtszaal. Ditmaal over de tweede aanvraag voor bijstand. Aan de andere kant van de zaal hoorden we de ambtenaren weer kraaien over willekeurige transacties van de stichting, waar we nog steeds niet over ondervraagd waren, en stelden zij wederom over te weinig informatie te beschikken. De rechter keek enigszins verbaasd en vroeg hen daarop wanneer men dan wel over voldoende informatie zou beschikken. Het antwoord wat daarop kwam was legendarisch en triest tegelijk: "Dat weten we niet." Daarop vroeg de rechter of men dan geen enkele verantwoordelijkheid voelde voor het feit dat wij ons huis dreigden te verliezen en richting een bestaan van dakloosheid gingen. Hun uitgebreide antwoord op die vraag luidde: "Nee." Zoals verwacht ging de zitting dan ook verder niet meer over de inhoud van de zaak. Dat werd nauwkeurig vermeden. Enkele weken na de zitting volgde de uitspraak. Hoewel de lijn der vragen enigszins hoopgevend was, bleek de uitspraak teleurstellend. De rechter had de Sociale Dienst Drechtsteden ook hier weer in het gelijk gesteld. En ook hier zou het weer minimaal een jaar duren alvorens de bodemzitting zou dienen. Het was inmiddels april geworden en met deze uitspraak was iedere oplossing voor de korte termijn uitgesloten. We zouden ons huis voor de tweede maal gaan verliezen.

In de maanden sinds het verliezen van ons inkomen had ik alle schuldeisers steeds netjes op de hoogte gehouden van de ontwikkelingen. Natuurlijk voorkwam dat niet dat er uiteindelijk dan toch het lang gevreesde uithuiszettingsbevel arriveerde. Die datum stond gepland voor begin mei 2018. Hoe ik mijn hoofd er ook over brak, ik had geen idee meer hoe ik aan middelen moest komen om dat te voorkomen. Zowel mijn vrouw als ik zijn niet uit een rijke familie afkomstig, maar uit eenvoudige arbeidersgezinnen. Om alles toch zo beschaafd mogelijk te kunnen laten verlopen nam ik contact op met de deurwaarder en legde hem de situatie voor. Daarna gaf ik hem aan dat wij op eigen gelegenheid het huis zouden gaan verlaten, voor het einde van april. Het bleek heel goed mogelijk te zijn om een beschaafd gesprek met de deurwaarder te voeren en hij ging ook akkoord met ons voorstel. Direct daarna begonnen we met het inpakken van al onze spullen. Geld voor opslag hadden wij echter niet, dus we zouden driekwart van onze spullen weg moeten geven of naar de stort moeten brengen. Alleen de voor ons meest waardevolle spullen konden we op diverse plaatsen onderbrengen.

Om te voorkomen dat ik meerdere malen op en neer zou moeten rijden naar de stort, plaatste ik diverse meubels, tafels en stoelen op Marktplaats. Gratis af te halen. Alles wat anderen meenamen hoefde ik tenslotte niet meer weg te brengen. We moesten al genoeg op- en leegruimen, binnen een tijdsbestek van twee weken. Ik weet nog goed hoe ik gebeld werd door een man die interesse had in een kastje. Hij zou diezelfde middag nog langskomen en dat deed hij ook op de afgesproken tijd. Een wat slonzige man stond voor onze deur met niet al te nette kleren. We liepen naar binnen en ik liet het bewuste kastje zien. Die wilde hij wel hebben. Vervolgens begon hij te praten en plofte neer op de bank, dus vroeg ik maar of hij iets wilde drinken. Het leven was allemaal maar lastig, zo liet hij weten. In de bijstand krijg je nauwelijks inkomen. Nee, dat inkomen was veel te weinig voor hem. Zo liet hij weten dat hij regelmatig in de weekenden ging optreden met zijn band. Maar dat liet hij gewoon zwart uitbetalen hoor! Anders trekken ze het van je uitkering af en ze krijgen al genoeg daar in Den Haag. En werk? Ja, dat kost zoveel tijd he, haha. Hij hield het nu al meer dan tien jaar zo vol en vond de situatie wel prima zo. Afijn, je voelt al wel hoe dit gesprek verliep. Toen de man het kastje had meegenomen en weer was vertrokken, keek ik mijn vrouw vol ongeloof aan. Wij hielden ons al die tijd netjes aan alle regeltjes, hoe zinloos en denigrerend soms ook, en wij werden te grazen genomen, terwijl zo'n man maar gewoon kan doen wat hij wil. Onwerkelijk.

Aan het einde van april 2018 was het ons net op tijd gelukt om het hele huis leeg te krijgen. Direct daarna hebben we het huis van boven tot onder schoon gemaakt. Het was een triest gezicht om zo op deze wijze het huis achter ons te moeten laten. Een man kwam langs voor de sleutels en liep nog even een rondje door het huis, waarna hij de sleutels van mij aannam. Wij stapten naar buiten en trokken voor de laatste keer de deur achter ons dicht. We waren alweer dakloos.

HOOFDSTUK 9
BEMIDDELING

Kort voordat wij ons huis verloren kregen we de mogelijkheid aangeboden om in een stacaravan elders in Nederland te verblijven. Daar mochten we tijdens het recreatieseizoen verblijven, wat loopt van 1 april tot 1 november. Omdat we niets anders hadden accepteerden wij dit aanbod met open armen. Maar daar sta je dan, van een mooi huis naar een stacaravan. Zonder inkomen. Dat was wel even een omslag. Het wil niet zeggen dat we niet dankbaar waren, want we prezen onszelf gelukkig dat we in ieder geval iets hadden, maar een omslag was het wel. Als cadeautje hadden de ambtenaren van de Gemeente Dordrecht ons ook maar even uitgeschreven naar de RNI status. Dat is de vorm van registratie voor mensen die niet langer in Nederland woonachtig zijn. Daarmee verviel ook ons recht om in Nederland te mogen werken. Hoe moesten we nu gaan overleven, zonder inkomen? Wanneer een overheidsorgaan je begint te beschuldigen van fraude, dan zijn er verrassend veel mensen die dat zomaar voor waar aannemen. Vrijwel iedereen denkt dat waar er rook is, er ook vuur moet zijn. De schade die dit toebrengt is niet ongedaan te maken. Iemand had daar ooit eens een mooie gelijkenis over. Het is als een stuk papier nemen en dat in honderd stukjes verscheuren. Vervolgens stap je in de auto en als je op de snelweg rijdt, dan doe je het raam open en gooi je al die stukjes naar buiten. Als iemand je zou vragen om al die honderd stukjes terug te verzamelen, om het papier terug te herstellen, dan zou het je niet lukken. Je krijgt nooit alle stukjes meer gevonden. Die zijn alle kanten op gevlogen. De schade is gedaan. Op veel steun hoefden wij in het begin dan ook niet te rekenen. Het was verrassend te constateren hoe weinig mensen er overbleven.

In dezelfde periode waarin de zaken begonnen te lopen, heb ik ook een klacht ingediend bij de Nationale Ombudsman, wegens het niet naleven van de wettelijke hoorplicht door de Sociale Dienst Drechtsteden. Het eerste waar ik tegenaan liep was dat dit een bijzonder logge en terughoudende organisatie blijkt te zijn. Je moet werkelijk enorm aanhoudend zijn om daar iemand zo ver te krijgen om echt naar je verhaal te kijken. Alsof je een ambtenaar moet aansporen om aan het werk te gaan. O wacht... Laat maar. Het duurde maanden voordat ik een keer reactie kreeg. Men had zich dan eindelijk over het verhaal gebogen en was tot de conclusie gekomen dat er inderdaad iets niet helemaal lekker liep. Dus kreeg ik de vraag voorgehouden wat ik nu eigenlijk wilde. Men kon een algemeen onderzoek instellen naar de handswijze van de Sociale Dienst Drechtsteden, of men kon een bemiddelingsgesprek organiseren. Maar het kon niet allebei, dus ik moest kiezen wat ik wilde. Op dat moment was ik nog zo stom om te geloven dat bemiddeling werkelijk iets uit zou kunnen halen, dus koos ik voor die optie. Stom natuurlijk, want ik had beter die beerput daar open kunnen laten trekken. Al doende leert men. Bij de Sociale Dienst Drechtsteden bleek bereidheid te bestaan om het gesprek aan te gaan en aldus geschiedde.

In de zomer van 2018 ging ik weer terug naar Dordrecht, voor het bemiddelingsgesprek met de Nationale Ombudsman. Natuurlijk had ik ook mijn advocaat verzocht aan dit gesprek deel te nemen, al was het alleen maar om een getuige te hebben van de uitspraken die zouden worden gedaan. Maar daarnaast nam ik ook altijd alle gesprekken op. Dit deed ik ongezien, zodat iedereen vrijuit zou spreken. Bij dit gesprek schoven het hoofd van de afdeling en een lid van het MT aan. Het feit dat ik ook hier geen namen noem is een bewuste keuze, want dit is geen persoonlijke vendetta. Daarom respecteer ik de privacy van de betrokken ambtenaren, hoewel ik zelf natuurlijk wel over al hun namen en persoonlijke gegevens beschik. Voordat het gesprek begon moesten alle deelnemers een geheimhoudingsverklaring ondertekenen. Hierin werd gesteld dat alles wat er besproken zou worden geheim zou blijven, mits partijen tot de conclusie zouden komen dat bepaalde informatie met derden zou moeten worden gedeeld, bijvoorbeeld in het belang van een onderzoek. Mijn mond viel werkelijk open toen de houding van deze ambtenaren opeens poeslief en vol spijt was. Tja, over de inhoud mag ik dus geen uitspraken doen, maar laat ik zeggen dat de conclusie van het gesprek was dat we er samen uit zouden gaan proberen te komen. De afdeling bezwaar, de juridische medewerkers van de sociale dienst, zou achterwege gelaten worden, want dit ging pragmatisch opgelost worden. Al met al klinkt dat hoopvol, toch? Dat wel, maar vergeet niet dat je met ambtenaren te maken hebt. Gemeenteambtenaren zelfs, nog een stapje erger. Het soort mensen dat steeds maar weer vergeet dat zij in dienst zijn van het volk en niet andersom. Als je niet weet hoe je moet dienen, dan weet je al helemaal niet hoe je moet leiden. De Nederlandse gemeentes zitten vol met dit soort arrogante machtshongerige mensen. Dat zeg ik niet om mensen uit te schelden, want ik zou veel liever hebben dat het niet zo is. Het is een objectieve constatering, gebaseerd op mijn eigen waarnemingen en de waarnemingen van de vele mensen die ik gesproken heb. Ik ben geen politicus, dus ik hoef mij ook niet te conformeren aan politieke correctheid. Het is sowieso al schandelijk dat we vandaag de dag met veel omhaal van woorden om de feiten heen moeten draaien, om het maar zo correct mogelijk te houden.

Twee weken na het vertrouwelijke gesprek in het bijzijn van de Nationale Ombudsman volgde een gesprek met enkel de medewerkers van de Sociale Dienst Drechtsteden. Ook daar liet ik mij weer vergezellen door onze advocaat en ook daar maakte ik weer een audio-opname van het gesprek. Het eerste wat daar opviel was dat niet alleen de verantwoordelijke medewerker van handhaving aanschoof, maar ook toch weer de afdeling bezwaar, ondanks de eerdere toezeggingen dat dit niet zou gebeuren. Het laat alleen maar weer zien hoe vreselijk onbetrouwbaar gemeenteambtenaren zijn. In de hoop dat er dan toch eindelijk eens iets positiefs ging gebeuren, besloot ik om mezelf daar maar even overheen te zetten. Dit gesprek was overigens ook pas het eerste moment waarop ik de handhaver ontmoette die belast was met dit 'onderzoek'. Die man had ik tot die tijd nog niet eerder ontmoet. Ook het MT lid en het afdelingshoofd waren inmiddels aangeschoven. Het MT lid pakte de draad op en vroeg de medewerker van handhaving naar de stand van zaken en wat er voor nodig was om hieruit te gaan komen. De medewerker begon zijn verhaal te doen. "Ik heb op verzoek van iemand, zeg maar, ik heb gewoon onderzoek gedaan naar de rechtmatigheid van de uitkering, omdat bleek dat u, uh, actief bent op het internet he, met de stichting, en de bijeenkomsten die u organiseert, de boeken en de hele rataplan, u doet best veel is gebleken."

Het afdelingshoofd luisterde aandachtig mee, maar vroeg zich af of de medewerker van handhaving dan nu niet verder kon, aangezien er een administratie was aangeleverd. Met een vermoeid gezicht antwoordde de handhavingsmedewerker dat wij inderdaad de boekhouding van de stichting hadden aangeleverd, maar dat dit echt een enorme hoeveelheid was. Hij had er zo geen tijd voor en geen zin in om zich daar helemaal doorheen te moeten worstelen. Daarbij was het niet aangeleverd op briefpapier van een accountant, dus had het wat hem betreft geen enkele waarde. Hij vond dat dit feit hem ontsloeg van zijn plicht om gedegen onderzoek naar de administratie te verrichten. Ik was dus per definitie schuldig. Mijn oren klapperde. Met name omdat de wet de Nederlandse burgers alle vrijheid laat om zelf een boekhouding te voeren. Er is nergens een wettelijke verplichting om dit uit te moeten besteden aan een derde partij. Daarbij waren zij degenen die beweerden dat er zaken niet op orde zouden zijn, dus lijkt het mij niet meer dan normaal dat je die stellingen dan ook gaat onderbouwen. Maar het MT lid vond duidelijk dat daar geen spelt tussen te krijgen was. Willekeurig werden er dus maar transacties uit de administratie gevist, die met veel gedraai werden aangemerkt als privé-uitgaven. Onze advocaat leunde naar voren en vroeg: "Maar heeft u ooit overwogen om aan Prijs te vragen naar de kwalificatie van de transacties die u dan als privétransacties bestempeld?" Een antwoord bleef uit. Terwijl dit gebeurde krijste de medewerkster van bezwaar er tussendoor dat ook het inkomen niet vergeten moest worden. De stichting kreeg donaties binnen en die waren niet als persoonlijk inkomen opgegeven.

De handhavingsmedewerker nam het woord weer. "U heeft natuurlijk behoorlijk wat tijd gehad om een verhaal erbij te verzinnen." Hij liet weten dat alles wat er aangeleverd was nooit zou worden geaccepteerd, want alles zou volgens hem achteraf kloppend zijn gemaakt. De medewerker van bezwaar deelde zijn mening. Vol ongeloof nam ikzelf het woord weer. "Ja, maar dat is een trend die we natuurlijk al eerder hebben gehoord, en dan komen we in een welles nietes spelletje terecht. Kijk, ik vraag wat ik kan doen om tot een oplossing te komen en jullie antwoord is dus 'niks'?" De handhaver knikte bevestigend. Ook het MT lid zat er knikkend bij. Deze laatste liet mij weten dat ik me er maar van bewust moest zijn dat je nu eenmaal bepaalde vrijheden inlevert wanneer je afhankelijk wordt van de bijstand. Je kunt niet zomaar een stichting hebben en die stichting kan niet zomaar activiteiten uitvoeren. Die stichting mag niet zomaar geld binnen krijgen of uitgeven. Op het moment dat ook maar één der bestuurders afhankelijk wordt van de bijstand, dan zou dit betekenen dat het bestuur daarmee wordt overgedragen aan de sociale dienst en dat zij bepalen welke activiteiten er wel en niet ondernomen mogen worden. Je mag niet zomaar voorgaan in een kerkdienst en je mag niet zomaar voor mensen bidden. Je mag geen Bijbelstudie geven. Je mag ook geen Bijbelstudies publiceren. Dat is immers allemaal op geld waardeerbare arbeid. Dat zijn rechten die zijn voorbehouden aan mensen zonder bijstandsuitkering. Mensenrechten en grondrechten? Die zijn voorbehouden aan mensen die werk hebben. Dan moet je maar een baan zoeken. Zo zit de bijstand nu eenmaal in elkaar in Nederland. Als bijstandsgerechtigde mag je hooguit een kerkdienst bezoeken, op een stoel gaan zitten en passief toekijken.

Toch zat men kennelijk ook met de situatie in hun maag. Het MT lid wilde toch gaan kijken hoe we nu van die situatie af konden gaan komen. Als ik bereid was om schuld toe te geven, ook al was het maar een beetje, dan bestond er bij hun de bereidheid om de uitkering met terugwerkende kracht te herstellen. Er zou dan bekeken gaan worden welke transacties van de stichting zij als privé zouden kunnen interpreteren en daarvoor zou ik dan een boete van een paar honderd euro krijgen. In die constructie hoefde de Sociale Dienst Drechtsteden geen gezichtsverlies te lijden en zou de schade voor mij slechts minimaal zijn. Verbaasd liet ik de man weten dat wij inmiddels uit ons huis waren gezet en derhalve geen inwoner meer waren van de Gemeente Dordrecht. Wettelijk gezien zou er dan geen recht bestaan op een uitkering, via de normale wegen. Maar dat moest ik dan als het pragmatische deel zien. Het zou aan mij zijn om zo snel mogelijk weer een woning te vinden, binnen de Drechtsteden. Die liggen immers voor het oprapen. Mijn nieuwsgierigheid was wel gewekt, hoewel ik natuurlijk geen enkele intentie had om ook maar een millimeter toe te geven voor iets wat ik niet gedaan had. Maar ik besloot maar een stukje mee te bewegen, om te zien waar dit uit zou gaan komen. Er moest een afspraak worden gemaakt met de handhaver, die dan pragmatisch in de administratie zou gaan vissen, naar wat men als privé wenste te interpreteren. Van onbevangenheid was allang geen sprake meer. Diep van binnen hoopte ik nog steeds dat men de bereidheid zou hebben om waarheidsbevinding toe te passen en dat de handhaver alsnog tot de conclusie zou komen dat er helemaal niets vreemds aan de hand was.

Enige weken daarna keerde ik voor de derde keer terug naar Dordrecht, voor de afspraak met de handhaver. Dit was de eerste keer dat ik een persoonlijke afspraak met deze man had. Samen met een collega ging hij tegenover mij zitten en begon door de administratie te scrollen. Ik had hem de logingegevens verstrekt van de administratiesoftware, zodat ze makkelijker door de administratie konden gaan. In hoog tempo werd er doorheen gevlogen, waarbij het mij al direct opviel dat alle inkomsten van de stichting, inclusief de donaties en inclusief onze eigen donaties aan de stichting, werden opgeschreven als ons persoonlijke inkomen. Tijdens dit 'pragmatische' onderzoek werd mij door de handhaver nog even fijntjes medegedeeld dat er in Amerika ook Christelijke leiders waren die donaties vroegen voor en rondvlogen in privévliegtuigen. Hij kopte zijn suggestieve opmerking niet in, maar de toon was gezet. Op objectiviteit en onbevangenheid hoefde ik niet meer te rekenen. Om je een idee te geven van hoe grondig het onderzoek werd gedaan, slechts een uur later stond ik alweer buiten. Er was weer geen verklaring van mij opgenomen en ik had weer nergens voor hoeven tekenen. Het pragmatische voorstel voor de deal die men in gedachten had zou binnen enkele dagen volgen, maar bleef natuurlijk uit.

Een week later dan afgesproken ontvingen wij niet het beloofde voorstel, maar had men opeens weer meer vragen. Het bedrag waar het over zou gaan klonk mij vrij bekend in de oren. Het bleek dat alle inkomsten van de stichting, voornamelijk donaties die door mensen waren gegeven voor de activiteiten van de stichting, inderdaad als persoonlijk inkomen waren genoteerd. Opeens begon het mij te dagen. Onder de banier van pragmatisch handelen probeerde men gewoon alsnog schaamteloos het onderzoek tegen ons rond te krijgen, om hun eigen gezicht te redden. Toen mij duidelijk werd dat er helemaal niemand interesse had in waarheidsbevinding, heb ik het vertrouwen opgezegd. Als tegenvoorstel heb ik de Sociale Dienst Drechtsteden uitgenodigd om het dossier over te dragen aan het Openbaar Ministerie. In een onderzoek door het OM hadden wij veel meer vertrouwen dan in een onderzoek door mensen die gezichtsverlies moeten beperken. Bovendien is dit ook de wettelijke route en gaven wij, namens het bestuur, aan vrijwillig mee te zullen werken aan een dergelijk onderzoek. Dit voorstel werd in z'n geheel genegeerd. In de zwaar geïrriteerde reactie die wij terug ontvingen liet het MT lid weten dat niet wij, maar hij er een streep onder zette. Kennelijk kon hij het in zijn hoofd anders geen plaats geven. Er zat niets anders op, we moesten de rechtszaak afwachten en daar onze zaak maar voorleggen.

Het zal waarschijnlijk zo'n twee maanden na dit voorval zijn geweest, in november 2018, toen ik opeens bericht kreeg van één van onze schuldeisers. Er was een brief binnengekomen van de Sociale Dienst Drechtsteden. Hierin was te lezen dat het schulphulptraject was stopgezet en niet succesvol was gebleken. Meneer en mevrouw Prijs hadden zich niet aan 'de regels' gehouden, door nieuwe schulden te laten ontstaan. Derhalve was het traject onsuccesvol beëindigd en werd de schuldeiser geadviseerd om de vordering weer uit handen te geven aan een deurwaarder en om de schuld aan te melden bij het BKR. Bij navraag bleken alle schuldeisers die brief te hebben ontvangen. Iedereen was dus al op de hoogte gebracht, maar wij wisten nog van niets. Wij hadden namelijk helemaal niets vernomen over dit besluit. Het enige wat wij wisten was natuurlijk dat er geen inkomen meer was en dat daarmee nieuwe schulden aan het ontstaan waren, als direct gevolg van de acties van de Sociale Dienst Drechtsteden. We wisten ook dat het traject in juli 2018 zou aflopen, maar hadden verder niets meer vernomen.

Toen ik onze advocaat navraag liet doen werd deze te woord gestaan door een medewerkster van de afdeling schuldhulp. Die medewerkster liet hem weten dat er van bovenaf opdracht was gekomen om het schuldhulptraject onmiddellijk te beëindigen. Toen hij echter vroeg op basis van welk besluit dit was gedaan en wanneer dit besluit was genomen, toen werd het even stil aan de andere kant van de lijn. Toen liet ze hem weten dat er geen officieel besluit ten grondslag lag aan deze actie. In een poging om ons nog meer klem te zetten en schade te berokkenen, had het MT in haar wijsheid besloten om de koe maar even bij de hoorns te grijpen. Door het uitvoeren van deze actie zijn zij echter ernstig in gebreke gebleven. Conform de wet dient er namelijk eerst een officieel besluit te worden genomen. Daarna dient er zes weken ruimte te zijn om daartegen in bezwaar te kunnen gaan. Deze mensen vinden zichzelf echter zo superieur en boven de wet verheven, dat ze gewoon maar doen wat ze willen. Nog diezelfde dag werd er snel even een beslissing geslagen en pas toen konden we in bezwaar gaan. Natuurlijk werden we in het ongelijk gesteld en werd een ton aan schuld weer opeisbaar. Tel daar een terugvordering van 33K bij op en in plaats van schuldenvrij te zijn dat jaar, zit je voor bijna anderhalve ton in een nieuwe systematisch gecreëerde schuld.

HOOFDSTUK 10
DE BODEMZITTING

Sinds april 2018 verbleven wij in een stacaravan op een kleine camping. Zoals ik eerder al zei was ons inkomen volkomen afgesneden. Er kwam letterlijk 0 euro per maand binnen. Doordat wij ambtelijk waren uitgeschreven naar de RNI (Registratie Niet Ingezeten) status, was het ons ook niet langer toegestaan om in ons eigen land te werken. Op zoek gaan naar werk was dus redelijk zinloos, want dat zou als zwart werk worden beschouwd. Daarbij kun je er op wachten dat de ambtenaren van de sociale dienst daar op gaan controleren, zodat ze vervolgens kunnen zeggen: "Zie je wel! We hebben toch al die tijd al gezegd dat ze frauderen!" Die lol gunden wij ze enerzijds niet en anderzijds willen wij leven conform ons geloof in Jezus Christus. De Bijbel vertelt ons dat we ons moeten onderwerpen aan het gezag, dus willen wij volgens de regels van de wet leven. Maar eenvoudig was dat zeker niet. De oplossing die men je geeft is dat je je dan eerst maar moet inschrijven op een adres in Nederland. Dan mag je alles weer en hoor je er bij. Maar waar moet je je inschrijven? Door de systematisch gecreëerde schuld zou inschrijven tevens betekenen dat er op dat adres een leger deurwaarders verschijnt. Niet alleen zadel je daarmee anderen op met een probleem, al die bezoekjes zorgen er tevens voor dat de schuld nog veel verder omhoog wordt opgedreven. Ik heb altijd gesteld dat ik anderen niet met onze problemen wil opzadelen. Ik kan het familie of vrienden niet aandoen om steeds weer een deurwaarder aan de deur te krijgen. We weten tenslotte zelf hoe dat voelt, na al die jaren van terreur aan de deur.

In Nederland heb je, zover ik weet, dan nog maar één optie over en dat is het Leger des Heils. Ook daar had ik contact mee opgenomen en legde ik onze situatie voor. De man die ik aan de telefoon had was echter duidelijk met meerdere dingen tegelijk bezig en luisterde nauwelijks naar wat ik te zeggen had. Dat liep dus ook op niets uit. Als dat al op iets zou zijn uitgelopen, dan was dat nog steeds geen oplossing. Ja, je mag dan weer werken, omdat je je dan op het adres van het Leger des Heils kunt inschrijven, maar op al het inkomen wordt direct weer beslag gelegd. Je hebt immers toch geen vaste lasten meer, dus maximale afloscapaciteit. Natuurlijk kun je daar wel weer een mouw aan passen, maar dat zijn weer ellenlange procedures die je bij iedere deurwaarder weer opnieuw mag gaan herhalen. Het is een onmogelijk positie en ik weiger tevens ook mee te werken aan het afbetalen van een onterechte systematisch gecreëerde schuld. Wij hebben niet voor niets drie jaar lang in de schuldhulp gezeten en op een houtje moeten bijten. Dat ga ik niet nog een keer doen.

Ondanks het feit dat veel mensen ons hadden verlaten, in de waan dat er vast wel iets fout zou zitten bij ons, waren er gelukkig ook nog een klein aantal loyale mensen die ons in die tijd hebben bijgestaan. Regelmatig kregen we dan ook wat boodschappen toegeschoven, maar er waren ook dagen bij waar we alleen maar een paar sneden brood hadden en ons geen warme maaltijd konden veroorloven. Soms waren de gasflessen ook leeg en hadden we geen verwarming, geen warm water en konden we niet koken. Je leert te roeien met de riemen die je hebt en ondanks alles kiezen wij er steeds bewust voor om te leven vanuit een houding van dankbaarheid.

In de wintermaanden moesten we de camping verlaten, omdat het niet is toegestaan om buiten het recreatieseizoen op een camping te verblijven. Daarnaast heeft die caravan ook geen isolatie, dus is het binnen net zo warm of koud als buiten. Daar is in de winter niet tegenaan de stoken. Vanuit Amerika kregen wij bericht van een ouder echtpaar die van onze situatie hadden gehoord en wisten dat wij voor vijf maanden onderdak nodig hadden. Zij hadden weer connecties met een organisatie in Israel, die hulp biedt aan Holocaust overlevenden. Daar zouden wij vrijwilligerswerk kunnen doen, tegen kost en inwoning, om die periode mee te overbruggen. Zij waren bereid om de connectie voor ons te maken en om de vliegtickets voor ons te regelen. Aangezien wij altijd zeer begaan zijn met het Joodse volk, en al helemaal met de Holocaust overlevenden, vonden wij dit een zeer zinvolle tijdsbesteding. Na een lang gesprek met de betreffende organisatie kwam er al snel een akkoord en voor we alles enigszins konden bevatten liepen we al op de luchthaven van Tel-Aviv. Niet alleen hadden wij het voorrecht mee te mogen helpen, we troffen ook de unieke situatie waar een paar overlevenden hun verhaal begonnen te doen. Dit is vrij zeldzaam omdat de meesten er gewoon niet over kunnen praten. Het horen van die verhalen heeft bij mij aardig wat losgemaakt en ik heb ook een aantal keren even weg moeten lopen. Het was onbegrijpelijk en niet te verteren om te horen wat mensen elkaar aan kunnen doen. De gruwelijkheden die die mensen hebben moeten doorstaan zijn nauwelijks in woorden te beschrijven. Mijn hart brak bij het horen van die getuigenissen. Het heeft zeker geholpen om onze situatie in het juiste perspectief te plaatsen, maar dat is een heel verhaal op zich.

Na onze terugkeer in Nederland ontvingen we eindelijk een oproep voor de bodemzitting. Die bodemzitting zou plaats gaan vinden in de meervoudige kamer, in het voorjaar van 2019. Dat betekend dat er drie rechters waren die over de zaak zouden gaan oordelen. Het viel mij echter direct op dat één van die rechters al eerder onze zaak had behandeld, waarbij zij behoorlijk wat vooringenomenheid had getoond. Daarop heb ik onze advocaat verzocht om een verschoningsverzoek in te dienen. Dit leidde ertoe dat de betreffende rechter zich terugtrok van de zaak en er een andere rechter voor in de plaats kwam. Na ruim een jaar wachten vond de zitting dan eindelijk plaats. Natuurlijk probeer je je zo goed mogelijk voor te bereiden, maar aangezien er geen onderzoek was gedaan, waren er ook geen resultaten. Bij een afgerond onderzoek kun je met z'n allen over het resultaat praten en daar kun je het dan mee eens zijn of niet. Maar bij geen onderzoek zijn er dus geen resultaten en is de zitting dus onderhevig aan de willekeur van wat er nu weer uit de hoge hoed wordt getrokken. Daar is nauwelijks op voor te bereiden.

Een ander opmerkelijk gegeven was het volgende. Een aantal jaren voor onze komst naar Dordrecht had ik geprobeerd om een project van de grond te krijgen om dakloze gezinnen mee te kunnen helpen. Wij wisten immers hoe het voelt om in zo'n situatie te zitten en wilden graag ons geloof ook op een praktische wijze tot uiting brengen. Hierover heb ik destijds het één en ander gecommuniceerd. Zoals helaas gebruikelijk is binnen kerkelijk Nederland, had één van de lezers maar nauwelijks kennis genomen van de inhoud, maar wist wel te vertellen dat hij 'aanstaande fraude' zou ruiken. Er was op dat moment een organisatie in het nieuws die ook daklozen hielp en volgens hem enige raakvlakken had met ons project. Die organisatie had net een inval van de FIOD gehad omdat er vermoedens waren van fraude. Let wel, ons project was nog niet eens van start gegaan. Zijn 'vermoeden van aanstaande fraude' deelde hij anoniem in de reacties onder dat nieuwsartikel. Uiteindelijk kregen wij het project niet voldoende rond om te kunnen starten en is het niet van de grond gekomen. Maar zijn opmerking was wel online blijven staan. De handhaver van de Sociale Dienst Drechtsteden had deze opmerking gevonden, uitgeprint en bij het dossier gevoegd. In de opmerking die hij erbij had gezet stond te lezen: 'Meneer heeft zich in het verleden al eerder schuldig gemaakt aan fraude.' Zo suggestief kan het dus zijn. De anonieme reactie onder een nieuwsartikel, van een 'vermoeden van aanstaande fraude', was in het dossier nu opeens verworden tot een vaststaand feit, alsof ik in het verleden was opgepakt, onderzocht en veroordeeld wegens fraude. Zo is dat ook aan de bestuursrechters gepresenteerd en door hen klakkeloos als waarheid aangenomen. Vanaf dat moment heb je al geen schijn van kans meer.

Tijdens de zitting werd er hard ingehakt op het naleven van de inlichtingenplicht. Zo stelde de Sociale Dienst Drechtsteden dat niet aan die inlichtingenplicht zou zijn voldaan. Daar maakte ik mij niet zo'n zorgen over, want ik had immers de e-mails, inclusief headers, om aan te tonen dat daar wel aan was voldaan. In mijn bezit waren zelfs de ontvangstbevestigingen die door hun eigen medewerkers waren toegezonden. Maar toen hoorde ik de ambtenaren opeens beweren dat deze e-mails nooit door hen waren ontvangen en dat zij de echtheid in twijfel trokken. Bovendien voegden zij daar de suggestie aan toe dat ik deze vervalst zou kunnen hebben, omdat ik daar met mijn IT achtergrond prima toe in staat zou zijn. Drie bestuursrechters veegden daarmee de e-mails als niet verifieerbaar van tafel, waarmee de schending inlichtingenplicht in stand bleef. Nog steeds kan ik niet geloven dat dat gebeurd is. Mij bekroop het gevoel dat het helemaal niet raar zou zijn wanneer deze 'rechters' aan het einde van het jaar een leuk kerstpakketje vanuit de Drechtsteden zouden ontvangen. Een weldenkend mens zou tenslotte een stuk kritischer zijn, zeker wanneer je ziet wat voor enorme gevolgen dit heeft voor twee mensenlevens. Natuurlijk werden er daarnaast weer de nodige willekeurige transacties vanuit de administratie van de stichting aangevoerd, uit verband gerukt en als privé geïnterpreteerd. Je raad het al, de bestuursrechters nemen alles wat ze door ambtenaren gevoerd krijgen klakkeloos aan, zonder enige kritische houding. Ook de drie rechters waren van mening dat de administratie van de stichting op briefpapier van een accountant aangeleverd had moeten worden. Dat is immers een logischere eis dan van ambtenaren te verwachten dat er een goed, gedegen en onbevangen onderzoek wordt gedaan. Zeer verontrustend is het feit dat deze rechters daarmee ruimte en jurisprudentie hebben gecreëerd voor een ongeschreven wet, omdat het namelijk geen wettelijke verplichting is om een accountant in te schakelen. Door dit te doen hebben ook zij de mensenrechten overtreden, waarover later meer. Daarnaast werden er ook nog even twee bankrekeningen aangevoerd die ik niet gemeld zou hebben, maar waar ik wel de beschikking over zou hebben. Ik had dus een vermogen op niet gemelde bankrekeningen staan. Dit werd door de heren rechters klakkeloos als waarheid aangenomen en vond zelfs z'n weg naar de uiteindelijk uitspraak. Vanzelfsprekend werden wij ook hier weer in het ongelijk gesteld. Op het moment zelf was ik in de veronderstelling dat er gesproken werd over de bankrekeningen van de stichting, omdat deze steeds waren gelabeld als een verlengstuk van onze privé financiën.

Zie ook hier weer waar wij steeds tegenaan liepen. Ter zitting wordt je pas geconfronteerd met diverse 'feiten' die in een eerder stadium nooit ter sprake zijn gebracht, zodat je daar ter plekke even snel op mag reageren, zonder in de gelegenheid te zijn gesteld om alles goed uit te zoeken en om je goed op een zaak voor te bereiden. Die bankrekeningen werden snel even meegenomen, maar maanden later, toen ik de uitsprak nog eens doorlas, viel het mij pas op dat het om privérekeningen ging en niet over de rekeningen van de stichting. Het eerste wat in mij opkwam was een spaarrekening die ik begin 2017 had geopend. Maar dat kon het vast niet zijn. Wij hadden in die periode diverse bedragen van de Belastingdienst ontvangen en het was mij al direct duidelijk dat die bedragen helemaal niet konden kloppen. Bij navraag en onderzoek bleken wij daar inderdaad ook geen recht op te hebben, maar we moesten eerst wachten totdat de Belastingdienst dat zelf ook verwerkt en gecorrigeerd had. Daarom heb ik een spaarrekening geopend, waarop ik de teveel ontvangen bedragen parkeerde. Dit had ik zelfs met een medewerker van de klantenservice besproken en na het openen van de rekening had ik ze ook netjes alle details en het rekeningnummer toegezonden, inclusief het saldo. Ook daar had ik een ontvangstbevestiging van gekregen. Het zou toch niet zijn dat... Wel dus. Het was deze rekening die als eerste werd vermeld, als zijnde een 'geheime niet gemelde bankrekening'. Maar wat was die tweede bankrekening dan? Het betrof een ABN AMRO rekeningnummer, dus besloot ik maar eens te bellen. Een vriendelijke medewerkster van de bank stond mij te woord en ik liet haar weten dat er een groot misverstand was ontstaan. Volgens de Sociale Dienst Drechtsteden en de Rechtbank bleek ik een geheime bankrekening te hebben en ik zou erg graag toegang willen krijgen tot mijn miljoenen. Dat zou een fantastische oplossing zijn voor de situatie waar wij inzaten. De dame kon de humor er wel van inzien, maar liet toch weten dat het nummer niet in haar systeem voorkwam. Ik herhaalde het nummer nogmaals, maar dat was inderdaad het nummer waar ze op had gezocht. Het stond in geen enkel systeem. Toen begon haar een lichtje te branden. Na enig zoeken liet ze mij weten dat het een opgeheven bankrekening betrof. Een rekening die inderdaad op mijn naam had gestaan, maar was opgeheven door onze toenmalige schuldhulporganisatie, twee jaar voordat wij in Dordrecht kwamen wonen. In de periode dat wij een uitkering ontvingen van de Sociale Dienst Drechtsteden was deze rekening dus al jaren opgeheven, maar vond wel z'n weg naar een voor ons nadelige uitspraak, als zijnde de tweede 'geheime niet gemelde bankrekening'. Bestuursrechters nemen immers alle informatie die zij door ambtenaren aangedragen krijgen klakkeloos over.

Na deze zaak begon ik me pas goed te realiseren hoe verrot het rechtssysteem in dit land is, en dan met name de sector bestuursrecht. Het komt slechts zeer zelden voor dat je door een bestuursrechter in het gelijk wordt gesteld. Ambtenaren beschermen hun medeambtenaren. Dat is nooit anders geweest. Toch viel mij iets anders opmerkelijks op. Toen ik de zittingsaantekeningen toegestuurd kreeg zag ik daarop geen drie rechters vermeld staan, maar vier. De rechter die zichzelf verschoond had stond er weer gewoon bij. Daar kun je natuurlijk wel een klacht over indienen, maar het zijn allemaal baasjes die elkaar de hand boven het hoofd houden. Natuurlijk heb ik het wel geprobeerd, maar het resulteerde slechts in een excuus van de president van de rechtbank.

Volgens hem betrof het een foutje dat die naam erbij vermeld stond en was onze zaak echt door drie rechters behandeld, in afwezigheid van de rechter die zichzelf verschoond had van de zaak. Heus waar. Ik geloof het gewoon niet meer. In een systeem dat zo vreselijk corrupt functioneert, ligt het meer in de lijn der verwachting dat er achter gesloten deuren wel degelijk door vier rechters over de zaak is gesproken. Misschien zelfs wel in aanwezigheid van gemeenteambtenaren. Wie weet. Ik kijk nergens meer van op. Wel weet ik dat je maar een zeer kleine kans hebt dat je in het bestuursrecht een rechter treft die onbevangen is. Het mereldeel heeft een duidelijke mening over het gespuis dat afhankelijk is van de bijstand. Je hoeft alleen maar door alle uitspraken te scrollen om te zien dat er vrijwel geen bestuursrechter is die een gemeente in het ongelijk stelt. En dat is niet omdat de gemeenteambtenaren zulke goede zaken aandragen. Dat is me inmiddels wel duidelijk. Het bestuursrecht is een deel van het probleem.

Inmiddels kwam het einde van het recreatieseizoen van 2019 alweer in zicht en kwam het moment dichterbij dat we camping weer voor vijf maanden moesten gaan verlaten. Wat waren we blij toen we op het laatste moment bericht kregen van een oudere vrouw die een bungalow beschikbaar had, waar wij mochten verblijven tot het nieuwe recreatieseizoen weer van start zou gaan. Zo vertrokken wij eind oktober naar Harderwijk. Toen we eenmaal weer een beetje tot rust waren gekomen, begon ik toch eens goed te overdenken in wat voor situatie wij terecht waren gekomen en vooral hoe we hier nog enige invloed op uit konden oefenen. De bewijslast van alle aantijgingen werd volledig bij ons neergelegd, in strijd met de grondwet en de mensenrechten, maar volkomen gebruikelijk in het Nederlandse bestuursrecht. Het besteedbare budget was 0 euro, dus op zoek gaan naar experts zit er niet echt in. Je staat er echt helemaal alleen voor, twee kleine onbetekenende burgers tegen een enorm machtige overheid, die ook nog eens flink onder de gordel slaat. Fair play is er niet bij. Maar opgeven was nog steeds geen optie. Derhalve begon ik rond te bellen naar vele bedrijven en experts die mijn e-mails mogelijk op echtheid zouden kunnen toetsen, waarbij ik natuurlijk moest vermelden dat ze hun werkzaamheden wel gratis zouden moeten uitvoeren. Ik had namelijk geen geld om hen van een vergoeding te voorzien. Dat bleek een vrijwel onmogelijke klus. Zodra men het label fraude vernam, haakte vrijwel iedereen direct alweer af. Daar wilde niemand zijn handen aan branden. Ook heb ik meerdere accountantskantoren benaderd, om de administratie van de stichting (gratis) te laten doorlichten, maar niemand reageerde terug.

Op een gegeven moment vroeg mijn vrouw mij waarom ik geen contact met de media zocht. Zij volgde regelmatig een programma op de NPO, waar ze enorm fan van was. Dat programma was De Monitor. Vooral de manier waarop Teun van de Keuken mensen ondervroeg vond ze helemaal geweldig. Wellicht dat hij iets kon betekenen voor onze zaak. Op zich een prima idee, maar dan moet je dus wel met je gezicht op televisie en voor heel Nederland weer door al die schaamte gaan. Mijn vrouw stelde mij echter al snel gerust en vertelde dat zij vond dat men bij De Monitor altijd op een respectvolle wijze met mensen omgingen. Anderzijds concludeerde ik dat ieder gezond mens ook in staat moet zijn om enige kritiek te verdragen. En wat hadden we eigenlijk nog te verliezen? Via de website van het programma maakte ik melding van onze zaak. Natuurlijk hoopte ik wel op een reactie, maar na zoveel teleurstellingen verwachtte ik het inmiddels niet meer. Toch gebeurde dat wel. Onze zaak kwam op de radar van de redactie te staan en eind 2019 hadden wij onze eerste afspraak met twee redactieleden van De Monitor.

Via mijn netwerk had ik ook diverse verzoeken uitgezet, met name om op de één of andere manier bewezen te krijgen dat mijn e-mails echt waren. Op een gegeven moment kwam ik in contact met een top IT-er die ik ooit eens in dienst had genomen bij één van mijn voormalige opdrachtgevers. Hij vertelde mij dat hij diverse opdrachten bij gemeentes had gedaan en dat hij wist dat gemeentes verplicht zijn de Message Tracking Logs van hun mailservers te bewaren, aangezien die onder een wettelijke bewaartermijn vallen. Dit zijn logbestanden die alles bijhouden wat er met mailverkeer gebeurd. De inhoud van berichten is daarin niet zichtbaar, maar wel wat er binnenkomt, van wie het is, naar wie het toegaat, wie het opent, wat die persoon er vervolgens mee doet etc. Behoorlijk revelante informatie, met name als je achter de waarheid wil komen van wat er nu feitelijk is gebeurd. Dit is vergelijkbaar met het opvragen van informatie bij een telecomprovider, wanneer je bijvoorbeeld last hebt van een stalker. Bovendien is dit informatie waarvan je mag verwachten dat een transparante overheid die heeft. Hij adviseerde mij om een WOB verzoek in te dienen. Dat vond ik een briljant idee. Niet veel later diende onze advocaat ons eerste WOB verzoek in bij de Sociale Dienst Drechtsteden, waarin werd verzocht om openbaarmaking van deze Message Tracking Logs. Uiteraard was dit verzoek gespecificeerd naar de tijdstippen waarop mijn mails daar waren binnengekomen, anders zou dit onevenredig veel werk hebben opgeleverd voor de gemeenteambtenaren.

HOOFDSTUK 11
EEN TRANSPARANTE OVERHEID

Wat mij persoonlijk erg opvalt is dat dezelfde (lokale) overheid die van ons volledige transparantie eist, zelf niet bepaald uitblinkt in het geven van het goede voorbeeld, maar meer kan worden gezien als een ivoren torentje. Ze zijn nauwelijks bereikbaar, reageren zelden inhoudelijk en zijn zeer terughoudend met het verstrekken van informatie. Na het indienen van ons eerste WOB verzoek liet men uiteraard eerst de maximale reactietermijn verstrijken, om ons vervolgens – gespeeld verbaasd – te laten weten dat de Message Tracking Logs maar maximaal een jaar worden bewaard en dat het tot hun beleid hoort om alles wat ouder is dan één jaar onherstelbaar te wissen. Met wollige ambtelijke kletspraat werd ik erop gewezen dat de mailservers geen archiefsysteem zijn en derhalve niet onder de Archiefwet zouden vallen. Jammer voor je, knul. Het blijft verbazen hoe men zelfs alle wetten weet om te buigen en naar eigen inzicht weet te interpreteren, want hun beweringen sloegen werkelijk nergens op. Alleen al die reactie liet mij zien dat er dus iets te vinden is. Dit resulteerde erin dat ik een tweede WOB verzoek liet indienen. Ditmaal vroeg ik specifiek mijn eigen e-mail op vanuit diverse mailboxen op de mailservers van de Sociale Dienst Drechtsteden. Inmiddels had ik kunnen traceren waar mijn berichten zich bevonden hadden, dus vroeg ik deze specifiek vanuit die mailboxen op. Immers, wanneer zij die zouden aanleveren, dan zou daarmee vast komen te staan dat ze de rechter hadden voorgelogen en dat die e-mails wel degelijk echt zijn en door hen waren ontvangen. Op dat punt gebeurde er iets heel opmerkelijks en maakten ze hun eerste grote fout.

In plaats van een gepaste reactie op ons tweede WOB verzoek, ontving onze advocaat een vreemd bericht van een juridisch medewerker. Men wilde zo snel mogelijk met ons om tafel. Er was nieuwe informatie boven water gekomen en die wilde men graag met ons bespreken. Men weigerde ook maar iets vooraf los te laten en gaven aan die informatie alleen in een persoonlijk gesprek te willen delen. Ook nadat onze advocaat duidelijk had gemaakt dat het vertrouwen reeds in eerder stadium al was opgezegd, bleef men bij hun standpunt. Op aandringen van onze advocaat besloten we het een kans te geven en voor deze keer akkoord te gaan. Wel werd vooraf gemeld dat er door mij een audio-opname zou worden gemaakt van het gesprek. Zo gebeurde het dat ik wederom in Dordrecht ten tonele verscheen, om het geheimzinnige gesprek aan te gaan. Ook namens de Sociale Dienst Drechtsteden schoof er iemand aan. Nogmaals, de namen en rugnummers zijn bij mij bekend, maar het is niet mijn doel om dit op de persoon te gaan spelen.

Het gesprek werd geopend en in de eerste plaats werd er even teruggeblikt op ons eerste WOB verzoek, vergezeld met dezelfde opmerkelijke uitleg. Toen liet men weten dat er in het kader van ons tweede WOB verzoek een uitgebreid onderzoek zou zijn gedaan in de gevraagde mailboxen. In totaal waren er door ons berichten vanuit dertien verschillende plaatsen opgevraagd. Men begon weer uit te leggen dat de mailservers geen archiefsysteem zijn en dat de opgevraagde e-mails derhalve ook niet onder de wettelijke bewaarplicht zouden vallen, evenals de opgevraagde logbestanden. Wanneer een e-mailbericht arriveert, dan zou een ambtenaar zelf mogen bepalen of deze het archiveert of niet, zo stelde men met een zeer wollige uitleg. Komt dat even handig uit in situaties zoals deze. Maar, zo liet men weten, er waren bij hun intensieve onderzoek dan gelukkig nog wel drie van de dertien opgevraagde e-mailberichten gevonden. De andere tien waren helaas onherstelbaar gewist. Hoe dan ook, ik zou toch niet met lege handen naar huis hoeven gaan. Pardon, ik bedoel natuurlijk met lege handen terug de straat op. Die drie gevonden e-mailberichten waren de boven water gekomen nieuwe informatie, aldus een trots glunderende ambtenaar. Ik geloofde mijn eigen oren niet. Dus daar deden ze zo geheimzinnig over? Daar moest ik voor naar Dordrecht komen? Om me te laten vertellen dat ze een deel van een WOB verzoek gingen uitvoeren? Wat waren dit voor vreemde spelletjes? Niemand leek zich te storen aan het feit dat archiefwaardige stukken gewoon verdwenen waren, maar in plaats daarvan werd ook de manager van de IT afdeling nog even bij het gesprek gehaald. Het leek wel een vooraf ingestudeerd toneelspel. Ook hij ondersteunde de opmerkelijke uitleg van zijn collega's, door te stellen dat de mailservers geen archiefsysteem zouden zijn, waardoor het gerechtvaardigd zou zijn dat niet alleen e-mails maar ook hele mailboxen van voormalige werknemers al na een jaar onherstelbaar worden gewist. De man liet weten dat zijn afdeling niet alleen voor de Gemeente Dordrecht werkt, maar voor alle Drechtsteden gemeentes en voor de Belastingdienst in die regio, die er allemaal hetzelfde beleid op nahouden. Kennelijk probeerde hij op die manier zijn stellingen kracht bij te zetten.

Dezelfde of de volgende dag, dat staat me even niet meer bij, ontvingen wij de drie wel gevonden e-mailberichten, in het kader van beter iets dan niets. Maar wat bleek? De drie 'gevonden' berichten bleken helemaal niet te behoren tot de dertien opgevraagde berichten. Die hele geheimzinnige ontmoeting was gewoon één grote façade geweest, een groot toneelspel, om ons alsnog met lege handen te laten staan. Niet veel later volgde het officiële besluit, waarbij het WOB verzoek werd afgewezen. De opgevraagde dertien berichten waren allemaal gewist en dit werd onderbouwd met de eerder genoemde wollige uitleg. Wat zullen ze gelachen hebben daar op het gemeentehuis. Zonder zich er van bewust te zijn hadden ze echter zojuist hun tweede grote fout begaan, door mij met drie niet relevante e-mails op te zadelen. Toen ik deze goed bekeek zag ik dat het inderdaad berichten van mij waren, die niet relevant waren voor de lopende zaken. Deze berichten bleken echter uit dezelfde mailbox en uit dezelfde tijdsperiode afkomstig te zijn als de dertien opgevraagde berichten van de WOB procedure. Dit liet zien dat het wissen van mijn berichten geen gevolg was van gevoerd beleid, maar van het selectief handelen van ambtenaren. Dat laat dan weer zien dat alle berichten bewust zijn gelezen en dat er op basis daarvan een keuze is gemaakt om berichten te verwijderen en niet te archiveren. Wanneer het slechts een intern bewaarbeleid zou betreffen, dan zouden geen van mijn e-mails meer beschikbaar zijn, of juist allemaal. Maar niet een aantal wel en een aantal niet. Als we dat naast de wet gaan leggen, dan is dit handelen dus gewoon verduistering van bewijs, een ambtsmisdrijf wat strafbaar is conform artikel 361 van het Wetboek van Strafrecht. De Sociale Dienst Drechtsteden heeft e-mailberichten, waarmee door mij was voldaan aan de inlichtingenplicht, bewust van hun systemen verwijderd, om daarmee een opening te creëren om de Stichting LoveUnlimited Ministries aan een onderzoek te onderwerpen. Ik weet het, dat is een harde stelling, maar mij maak je inmiddels niets meer wijs. Dit zijn geen acties die je onbewust doet. Wellicht zou je het één of twee keer onbewust en per ongeluk kunnen doen, maar niet wanneer het dertien verschillende locaties, verdeelt over de mailboxen van zes verschillende medewerkers betreft. Dan is het toch vrij opzettelijk. Maar ja, om daar iets mee te kunnen doen zou ik toch eerst bewezen moeten zien te krijgen dat die e-mails wel degelijk echt waren. Hoe moest ik dat nu weer voor elkaar gaan krijgen, wanneer iedereen je als fraudeur ziet? Budget om een expert in te schakelen was er nog steeds niet.

Inmiddels was het alweer 2020 geworden en een bepaald merk bier kon hard op zoek naar een nieuwe merknaam. Nederland begon langzaam te veranderen van een normaal land naar iets wat een nieuw normaal zou moeten zijn, maar waar ik maar weinig normaals in kon ontdekken. In de supermarkten werden opeens overal schermen opgehangen en de angst had duidelijk toegeslagen. De wereld was in de ban van een virus. In Nederland werden er diverse maatregelen getroffen om verspreiding tegen te gaan. Eén van die maatregelen betrof echter de optie om campings gesloten te laten. Dat was een flinke domper voor ons, want per 1 april hadden wij geen onderkomen meer. Het advies was om zoveel mogelijk thuis te blijven, maar hoe doe je dat als je geen thuis hebt? Gelukkig werd er op het laatste moment besloten dat campinggasten die 'zelfvoorzienend' waren toch naar de camping mochten gaan. Hiermee werd bedoelt dat mensen over eigen sanitaire voorzieningen moesten beschikken, aangezien de toiletgebouwen voorlopig gesloten moesten blijven. De stacaravan waar wij gebruik van mochten maken had gelukkig eigen sanitaire voorzieningen, dus per 1 april waren wij voor het derde jaar op rij weer terug op de camping. Dakloos zijn in een tijd als deze brengt echter nog meer uitdagingen met zich mee. Doordat de Gemeente Dordrecht ons ambtelijk had uitgeschreven uit het basisregister, waren wij ook uit de zorgverzekering gegooid en hadden geen recht meer op zorg. Zodra je zorg nodig hebt en aangeeft niet verzekerd te zijn, wordt er direct een blokkade opgeworpen. Al een aantal malen hadden wij een huisarts en het ziekenhuis bijna moeten smeken om hulp te bieden, waar niemand om zat te springen en wat met grote terughoudendheid uiteindelijk dan toch werd gedaan. Daarnaast was er natuurlijk de onzekerheid of de regels zodanig zouden blijven dat wij op de camping konden blijven.

Zoals ik eerder vertelde hadden wij twee WOB verzoeken ingediend. Het eerste WOB verzoek betrof het opvragen van de logbestanden, het tweede WOB verzoek betrof het opvragen van mijn eigen e-mails. Bij beide zaken waren wij, na een negatief besluit, in bezwaar gegaan. Het tweede WOB verzoek bleek ze echter niet zo lekker te zitten. In de bezwaarprocedure liet men niets meer van zich horen en de reactietermijn verstreek, zonder dat wij iets te horen kregen. Op advies van onze advocaat werd een ingebrekestelling toegezonden. Een week na het toezenden van deze ingebrekestelling ontving onze advocaat een gespeeld verbaasde e-mail, waarin werd gesteld dat er helemaal geen bezwaarschrift bij hen bekend was. Tja, het gebeurd wel vaker dat er bij de Drechtsteden belangrijke en archiefwaardige stukken selectief verdwijnen, dus echt verrast waren we nu ook weer niet. Of we het bewijs van het bestaan van dit bezwaarschrift even konden overleggen. Gelukkig had onze advocaat het bezwaarschrift aangetekend verzonden, dus heel moeilijk aantoonbaar was het niet. Wederom gingen er weken voorbij, waarbij de gehele dwangsomtermijn verstreek en er nog steeds geen besluit op bezwaar was. Pas na de dreiging van het instellen van een beroep bij de rechtbank, wegens het niet nemen van een besluit, arriveerde er dan toch alsnog een besluit. Vanzelfsprekend werden wij ook daar niet in het gelijk gesteld. De slager keurt immers zijn eigen vlees. En de verbeurde dwangsom? Die ging men in mindering brengen op de openstaande terugvordering van de uitkering. Vanzelfsprekend.

Met alles wat er speelde omtrent de e-mails en het niet naleven van de wettelijke bewaarplicht door de Sociale Dienst Drechtsteden, diende ik opnieuw een klacht in bij de Nationale Ombudsman. In dit schrijven hield ik hen voor wat er na het bemiddelingsgesprek allemaal had plaatsgevonden en hoe ze zich niet aan de gemaakte afspraken hadden gehouden, alsmede het feit dat de bewaarplicht niet werd nageleefd. Een maand verstreek, maar een reactie bleef uit. Bij telefonische navraag werd ik uiteindelijk teruggebeld door een niet geïnteresseerde medewerker, die mij aangaf dat de persoon die destijds het bemiddelingsgesprek had voorgezeten met ziekteverlof was. Nog eens twee maanden later werd ik gebeld en liet men al vallen niet zoveel interesse te hebben in de zaak. In hun ogen was alles reeds afgehandeld bij de bemiddeling. De toezeggingen die daar waren gedaan kon mevrouw niet terugvinden in het dossier, dus vond ze het onwaarschijnlijk dat er toezeggingen waren gedaan. Op dat punt vertelde ik haar dat er wel degelijk toezeggingen waren gedaan, dat ik het zeer vreemd vond dat dit niet in het dossier was opgenomen en dat ik een audio-opname had gemaakt van het gesprek. Met die opname kon ik de toezeggingen aantonen.

Aan de andere kant van de lijn ontplofte de dame in kwestie. Alles ging op tilt. Hoe had ik een audio-opname durven te maken van een vertrouwelijk gesprek?! Ongehoord! Ongekend! Ik liet mevrouw weten dat ik dit had gedaan vanwege het chronische geheugenverlies bij ambtenaren. Ze kon er niet om lachen. Vervolgens gingen er nogmaals vier maanden overheen, toen ik maar weer eens besloot om navraag te doen. Men was verbaasd waarom ik belde. Er was drie maanden daarvoor immers al een schrijven toegestuurd. Naar het adres waar wij in 2018 uit huis waren gezet. Ook die informatie was bij hen bekend. Ik kreeg een afschrift van de brief per e-mail toegezonden. Men ging niets met de zaak doen. Zo stelde de Nationale Ombudsman dat wanneer zij de naleving van de archiefwet zouden gaan onderzoeken, dat dit de rechtszaak voor de Sociale Dienst Drechtsteden nadelig zou kunnen beïnvloeden. Daarom ging men geen actie ondernemen. Daarvoor moest ik mij maar tot de rechter wenden. Ook de niet nagekomen afspraken weigerde men te onderzoeken. Wel was men furieus aangaande de opname die ik had gemaakt. Hoe durfde ik. Er werd mij tevens nog even een kopie toegezonden van de vertrouwelijkheidsovereenkomst, die mede door mij ondertekend was. Met het dreigende vingertje. In de overeenkomst stond overigens te lezen dat partijen ertoe kunnen besluiten om de inhoud van dat gesprek kenbaar te maken aan derden, indien dat relevant zou kunnen zijn. Ons verzoek om de inhoud van dat gesprek met de rechter te delen werd pertinent afgewezen, door zowel de Nationale Ombudsman als de Sociale Dienst Drechtsteden. Onder geen enkele voorwaarde mocht de rechter kennis nemen van wat er tijdens dat gesprek was besproken.

In augustus van 2020 kregen we bericht van de redactie van De Monitor. Ze zouden onze zaak gaan oppakken en men wilde alvast wat opnames met mij maken, welke in Dordrecht zouden plaats gaan vinden. Eindelijk ging er dan wat gebeuren. Op een super hete dag werden de opnames gemaakt en kon ik mijn verhaal voor de camera doen. Van deze opnames werd een mooi kort en bondig filmpje gemaakt, welke op hun website werd gepubliceerd. Niet lang daarna kreeg ik de vraag of ik zou willen meewerken aan een onderzoek. De redactie had het bedrijf Bitdefender bereid gevonden om mijn e-mails op echtheid te laten onderzoeken, maar voorwaarde was wel dat ik hen een kopie moest laten maken van mijn gehele mailbox, vanuit de icloud. Ik besloot mijn medewerking te geven en om zo transparant mogelijk te zijn. Toen brak de opnameweek aan, waarin alle opnames voor de tv uitzending zouden worden gemaakt. Die week begon met een bezoek aan Bitdefender, waar een kopie van mijn mailbox werd gedownload door een bekende security expert. De resultaten van het onderzoek zouden een week later volgen. Ondertussen werden alle andere opnames gemaakt. Zo kwam ik ook in contact met een zeer intelligente man, een professor aan de Universiteit van Amsterdam en tevens de voormalige gemeentearchivaris van de Gemeente Dordrecht. Hij was gespecialiseerd in de Archiefwet en de bijbehorende selectielijsten. Voor het oog van de camera bevestigde deze man al de vermoedens die ik al die tijd al had gehad. Al mijn e-mails vielen inderdaad onder de wettelijke bewaartermijn, ongeacht waar ze waren opgeslagen. Dat was een enorme doorbraak voor mij. Mits de echtheid van mijn e-mails zou komen vast te staan...

Een week na het 'inleveren' van mijn mailbox ging ik terug naar het kantoor van Bitdefender, waar ik voor een draaiende camera de uitslag te horen zou krijgen. Natuurlijk wist ik zelf wel dat mijn e-mails echt waren, dus ik was ook niet bang dat er sporen van vervalsing zouden zijn gevonden. Wel vroeg ik mij af in hoeverre de echtheid nog was vast te stellen en met hoeveel zekerheid dit vastgesteld kon worden. Ik was er bang voor dat er geen enkele doorslaggevende uitspraak zou kunnen worden gedaan, dus ik was behoorlijk zenuwachtig op de weg naar Den Haag. Die uitslag zou immers allesbepalend zijn voor wat betreft de schending inlichtingenplicht, die ons succesvol ten laste was gelegd. Toen we eenmaal zaten en alle opnameapparatuur gereed was, werd de uitslag medegedeeld. Twee security experts hadden mijn mailbox grondig nagekeken op sporen van vervalsing, maar hadden geen enkel spoor daarvan aangetroffen. Zij waren in staat geweest om te verifiëren dat al mijn e-mails echt waren, dat deze door de Sociale Dienst Drechtsteden waren ontvangen en dat er door hen ontvangstbevestigingen naar mij gestuurd waren. Het was zeer concreet bewijs waar zelfs bestuursrechters niet langer omheen kunnen draaien. Met dit bewijs was de schending inlichtingenplicht volledig van tafel.

HOOFDSTUK 12
DE UITZENDING

Zoals we meerdere malen in de media hebben kunnen zien, zijn er in de politiek altijd baasjes die zeer verbaasd reageren wanneer er een beerput wordt opgetrokken. De meest uitgespeelde kaart is dan ook de kaart van 'daar hadden wij geen weet van'. Vrijwel iedereen weet dat dit kletspraat is, maar het is zo lastig aan te tonen dat men er wel weet van had. In sommige gevallen slagen journalisten erin bewijs daarvan te vinden, maar dat is lang niet altijd het geval. Inmiddels was het mij al volkomen duidelijk dat ik op de korte termijn geen oplossingen meer hoef te verwachten en dat dit kennelijk een soort van schaakspel is, waarbij je een aantal stappen vooruit moet denken. Persoonlijk ben ik er van overtuigd dat de beerput bij de Sociale Dienst Drechtsteden volledig opgetrokken gaat worden. Onze zaak is slechts een voorloper daarvan, het topje van de ijsberg. Om die reden heb ik, voordat de uitzending zou plaats gaan vinden, een aangetekend schrijven gezonden naar het College van Burgermeester & Wethouders van de Gemeente Dordrecht. Dit heeft hen in de gelegenheid gesteld om kennis te nemen van wat er onder hun toezicht en verantwoording plaatsvind. Daarbij heb ik duidelijk gemaakt dat het vertrouwen in hun sociale dienst volledig weg is, maar dat ik de deur open laat voor wanneer de burgermeester en de verantwoordelijke wethouder in gesprek zouden willen gaan. Zoals het een goed bestuursorgaan betaamd, kwam ook op deze brief geen enkele inhoudelijke reactie. Dat was echter ook niet mijn doel. Het doel was en is om ervoor te zorgen dat men op een later tijdstip nooit meer kan zeggen dat men geen kennis had van wat er plaatsvond. Het hele college is op de hoogte gebracht. Dat zij allen hebben besloten om de andere kant op te kijken betekend niet dat hun posities daarmee houdbaar blijven wanneer alles eenmaal aan het licht komt. Ze weten ervan en ze hebben ervoor gekozen om niet in te grijpen.

Net voordat wij wederom de camping moesten verlaten, vanwege het einde van het recreatieseizoen, werd het programma uitgezonden op NPO 2. Dit gebeurde op 26 oktober 2020. Voor ons was het ook de eerste keer dat we het eindresultaat konden zien. Zoals we gewend waren van De Monitor, was alles zeer nauwkeurig in elkaar gezet en zeer objectief in beeld gebracht. Toch was er bij mij wel weer een enorme schaamte, om met zo'n situatie en in zo'n hulpbehoevende positie op de nationale televisie te verschijnen. Dat had niets met De Monitor te maken, want zij hebben ons steeds met waardigheid behandeld en ook zodanig in beeld gebracht. De situatie die is ontstaan heeft ons gewoon van ieder gevoel van menselijkheid beroofd. Het voelt alsof je er niet meer mag zijn, alsof je er niet meer bij mag horen en alsof je niet meer mag bestaan. Maar ja, daar moeten we ons dan maar weer overheen zetten. Belangrijker vond ik het dat deze handelswijze in het licht werd gebracht.

In de uitzending was te zien hoe ook de redactie van De Monitor had geprobeerd om een reactie van de gemeente te krijgen over mijn e-mails en over hun beweringen daarover. Die reactie bleef in beginsel uit. Er werden geen uitspraken over gedaan. De enige uitspraak die men wel deed was dat de rechter hen gelijk had gegeven. We weten inmiddels wat voor waarde een uitspraak van het bestuursrecht heeft. Het gesprek met de professor van de UvA werd ook mooi samengevat uitgezonden, waarbij de wettelijke bewaarplicht, in het kader van de Archiefwet en de bijbehorende selectielijst, goed en helder waren verwoord. En toen was daar het moment waarop de resultaten van het onderzoek naar mijn e-mails naar buiten werd gebracht. Direct daarna kwam Teun van de Keuken in beeld, die de woordvoerder van de Gemeente Dordrecht hiermee confronteerde. Met gespeelde verbaasdheid nam deze kennis van het feit dat al mijn e-mails wel degelijk echt zijn en dat door ons dus wel aan de inlichtingenplicht is voldaan. De optie van plausibele ontkenning ging het raam uit. Stamelend liet hij weten dat er echt nauwkeurig was gezocht, maar dat men niets had kunnen terugvinden in hun eigen systemen. Hij liet weten dat men er dan maar vanuit ging dat ik gelijk had en dat de e-mails inderdaad echt waren.

Interessant was het vooral ook om te zien hoe Teun de woordvoerder ondervroeg over het bewaarbeleid van de Gemeente Dordrecht. Wederom stamelend trachtte de man uit te leggen hoe klantmanagers bij alle informatie kijken en afwegen of de informatie relevant is voor het dossier. Wanneer een klantmanager van mening is dat informatie relevant is, pas dan wordt de betreffende e-mail aan het dossier toegevoegd. "Dat is nu eenmaal mensenwerk en dat moet het ook zijn", zo liet hij weten. Daar liet Teun zich echter niet mee afschepen, dus wees hij de woordvoerder op de regels van de Archiefwet en hoe wonderlijk het was dat men bij de Gemeente Dordrecht kennelijk op individueel niveau mag beoordelen wat er bewaard blijft en wat niet. Zo zwart wit moest hij het echter niet zien, want de gemeente hield zich heus wel aan de wetgeving die er is. Teun wees hem er vervolgens op dat wanneer men zich aan de wetgeving zou houden, dat mijn e-mails dan niet verdwenen zouden zijn. Een zeer pijnlijke secondenlange stilte volgde. Toch verviel men weer in dezelfde mantra, dat er wel goed onderzoek zou zijn gedaan en dat men had moeten concluderen dat de uitkering onrechtmatig was. De rechter was het helemaal met hun eens. Terecht merkte Teun op dat het oordeel van de rechter voor een groot deel had afgehangen van de echtheid van die e-mails. Hierop liet de woordvoerder weten dat ik 'echt letterlijk' de volgende dag welkom zou zijn voor een gesprek. Dat bleek echter niet het geval te zijn, want toen ik onze advocaat verzocht om daar op door te vragen, kreeg ik deze reactie terug:

Inmiddels de woordvoerder gesproken: hij heeft mij duidelijk gemaakt dat het niet ging om een uitnodiging vanuit de SDD, maar alleen om een mogelijkheid: de deur staat open, dus als je wilt, mag je e.e.a. verder komen toelichten. De woordvoerder gaf aan dat de SDD niet is gaan twijfelen aan haar eigen besluit en dus niets heeft uit te leggen en dus geen uitnodiging doet. Mocht dus De Monitor vragen hoe het is afgelopen met de uitnodiging van de SDD: het blijkt dus geen uitnodiging te zijn...

Laat dat even goed op je inwerken. Zoals we de afgelopen tijd in de media hebben kunnen zien wordt er behoorlijk wat gewicht aan de inlichtingenplicht toegekend. Tevens hebben we in de media kunnen zien hoe sociale diensten in het hele land bij de minste of geringste aanleiding de gelegenheid grijpen om mensen schending inlichtingenplicht ten laste te leggen. In vrijwel alle gevallen worden zij door bestuursrechters in het gelijk gesteld. Mijn inschatting is dat hooguit 5 tot 10 procent van deze gevallen kritisch worden bekeken door het bestuursrecht. Zodra een sociale dienst je schending inlichtingenplicht ten laste legt, ben je dus vrijwel onherroepelijk reeds veroordeeld. Daarmee krijg je het label 'fraudeur' toebedeeld, wat je de rest van je leven en carrière blijft achtervolgen. Bij mij hadden ze het zelfs gepresteerd om de suggestie te wekken dat ik alle e-mails zou hebben vervalst, wat bovendien ook nog eens een strafbaar feit is. Dat ging dus nog veel verder. Maar zelfs nadat onherroepelijk vast is komen te staan dat alle e-mails echts zijn, heeft de Sociale Dienst Drechtsteden nog steeds geen twijfel, hoeft men niets uit te leggen en doet geen uitnodiging. De oplettende kijker zal het tevens ook zijn opgevallen dat er ook geen excuses zijn gemaakt. Dat is precies de superieure hoogmoedige arrogante houding waar wij al die tijd al tegenaan lopen. Tot op de dag van vandaag heeft er niemand excuses aangeboden voor het valselijk betichten van schending inlichtingenplicht en vervalsing van de e-mails. In de Drechtsteden vind men dat volkomen normaal. Daar draaien ze liever om de feiten heen.

De dag na de uitzending wist de Sociale Dienst Drechtsteden niet hoe snel zij een reactie op hun website moesten plaatsen, om hun acties goed te praten. In de reactie, die op het moment van dit schrijven nog op hun website terug te lezen is, wordt duidelijk de suggestie gewekt dat er welbewust fraude zou zijn gepleegd door ondergetekende en dat om die reden onze bijstandsuitkering en de schuldhulp zijn beëindigd. Over het naleven van de Archiefwet wist men het volgende te zeggen:

In de uitzending van De Monitor wordt gesproken over wetgeving met betrekking tot het bewaren van e-mails. Hierop is de archiefwet van toepassing. De kern van de archiefwet is dat je alle voor het dossier van een klant relevante stukken dient op te slaan. Dit doen we dan ook, los van de vorm waarin de relevante stukken aangeboden worden, dus ook in het geval waarin het een e-mailbericht betreft.

De archiefwet, die dateert uit 1995, is aangepast in 2018, onder meer als gevolg van de toenemende digitalisering. Als gevolg van deze aanpassing is het bewaren van e-mails beter in de wet geborgd. De daaruit voortvloeiende verplichtingen ten aanzien van het bewaren van emailverkeer zijn door de Sociale Dienst Drechtsteden opgepakt. Daar wordt de sociale dienst, net als andere publieke organisaties ook jaarlijks op getoetst.

Er komen bij de sociale dienst ook vaak e-mails binnen die geen relatie hebben met klantdossiers. Hier is de archiefwet niet op van toepassing en dit zijn dan ook geen mails die we bewaren.

De casus van de heer Prijs speelde in de periode 2014-2017 en de Sociale Dienst Drechtsteden voldeed ten tijde van de casus van de heer Prijs (2015) aan de vereisten en de uitgangspunten van de archiefwet 1995-2017. De huidige eisen van de in 2018 aangepaste archiefwet kunnen niet met terugwerkende kracht worden verondersteld van toepassing te zijn op het verleden.

Een reactie waar mijn wenkbrauwen toch wel enigszins van omhoog gingen. Hierin stelt men dus dat het legitiem was om mijn e-mails te verwijderen en dat zij niet verantwoordelijk zouden kunnen worden gehouden voor het wissen van alle berichten, waarmee bewijs is verduisterd, om vervolgens iemand in de rechtszaal te betichten van schending inlichtingenplicht en vervalsing. Dat is allemaal heel normaal in de Drechtsteden. Zelfs het college vind dit zo normaal, dat men niet eens de moeite nam om op mijn aangetekende schrijven te reageren. Maar niet alleen mijn wenkbrauwen gingen omhoog. Kort na het plaatsen van deze opmerkelijke reactie, kwam er een reactie van de professor en oud gemeentearchivaris van de Gemeente Dordrecht, die ook had meegewerkt aan de uitzending. Hij noemde de reactie van de Sociale Dienst Drechtsteden 'onnavolgbaar' en zei dat deze geschreven moet zijn zonder veel kennis van zaken. Hij wijst erop dat de Archiefwet in 2018 minimaal gewijzigd is en dat er al sinds 1995 in de Archiefwet staat vastgelegd dat men verplicht is tot het werken met selectielijsten. "Selectielijsten voor gemeentelijke en intergemeentelijke organen zijn tussentijds wel aangepast, maar alle lijsten die mogelijk een rol hebben kunnen spelen in de zaak van Robin Prijs (2012, 2017, 2020) kennen allemaal bewaartermijnen toe aan het type documenten waar we het in dit geval over hebben", zo stelde hij. "Het gaat immers om e-mails die verstuurd werden vanwege de verplichting opgave te doen van werk en inkomsten. Dus ze zijn vanwege de aard van die functie (verplichting van sturen van informatie) zonder enige twijfel archiefbescheiden in de zin van de Archiefwet 1995 en onderhevig aan de selectielijst."

Naast deze reactie viel het met name op dat vooral de Christelijke partijen hun kaken stijf op elkaar hielden, wat ik uiterst verbazend vind. Dit ging namelijk niet alleen om een stichting, maar vooral ook over de bewegingsvrijheid die Christenen hebben om hun geloof tot uiting te mogen brengen. In mijn geval was mijn deelname aan kerkdiensten gekenmerkt als op geld waardeerbare arbeid, waarbij werd verwezen naar de privévliegtuigen van Christelijke leiders in Amerika. Tot op heden vind ik het nog steeds onbegrijpelijk dat er geen geluid vanuit de Christelijke hoek is gekomen. Het was juist de SP die dit oppakte in de Tweede Kamer en kamervragen heeft gesteld aan de staatssecretaris. Uit die hoek had ik geen reactie verwacht, wat niet wegneemt dat ik enorm dankbaar ben dat zij dit wel actief hebben opgepakt. Ook op provinciaal en gemeentelijk niveau hebben zij de nodige vragen gesteld.

In reactie op de kamervragen stelde de staatssecretaris: *"Ik vind het van belang dat handhaving effectief en zorgvuldig geschiedt en dat daarbij het best passende instrument wordt benut. Per geval dient altijd te worden beoordeeld of de inzet van handhavingsinstrumenten voldoet aan de beginselen van proportionaliteit en subsidiariteit. Besluitvorming moet altijd tot stand komen met oog voor de menselijke maat. De uitzending 'Dakloos na conflict met de sociale dienst' en de casus van Robin benadrukken voor mij dat het belangrijk is om te blijven reflecteren op het stelsel van handhaving. Ik wil hier graag met de Kamer over in gesprek."*

Dat op zich al een beetje winst, maar over mijn specifieke casus zegt hij: *"Het is niet aan mij om een oordeel over deze casus te geven. In de gedecentraliseerde context van de Participatiewet is het college verantwoordelijk voor de uitvoering daarvan en staat op individueel niveau een rechtsgang open."* Hiermee wekt hij de suggestie dat het slechts een incident betreft, een gang van zaken die normaal nooit voor zou komen. De verantwoording wordt mooi doorgeschoven en hij is van de zaak verlost. Dit is het soort reactie van een politicus die geen zin heeft om actie te ondernemen en niet wil erkennen dat er onder de oppervlakte nog een veel groter probleem speelt. Een probleem dat in de komende tijd best weleens bekend zou kunnen gaan worden als de bijstandsaffaire. Maar zoals het een goed politicus betaamd, zal ook dat probleem gewoon weer worden doorgeschoven naar de colleges van de

Nederlandse gemeentes, die op hun beurt weer gaan stellen er nooit weet van gehad te hebben. Je voelt het al helemaal aankomen. Goed, ik kan dus gebruik maken van de rechtsgang? We weten inmiddels al wel hoe betrouwbaar en 'onbevangen' het bestuursrecht is. Per saldo betekend dit dus dat je nergens terecht kunt voor hulp en aan je lot wordt overgelaten. Waarvan akte.

Over het naleven van de wettelijke bewaarplicht liet de staatssecretaris weten: *"Binnen gemeenten is de gemeentearchivaris op grond van de Archiefwet belast met het toezicht op het beheer van archiefbescheiden. Het toezicht op gemeenten als onderdeel van het generiek toezicht is bij de provincies belegd. Het Rijk beschikt niet over gegevens over welke gemeenten al dan niet aan de Archiefwet voldoen."* Ook hier past hij het doorschuifsysteem weer toe. Toch wees dit mij wel in een richting die ik nog niet verkend had. Als de provincies verantwoordelijk zijn voor het toezicht op gemeentes, dan was ik toch wel erg benieuwd of dat toezicht ook daadwerkelijk plaatsvind. Derhalve nam ik contact op met de Provincie Zuid-Holland en vroeg naar de afdeling toezicht. In eerste instantie had de medewerker van de klantenservice geen idee of zo'n afdeling bestond, maar enkele uren later werd ik al direct gebeld.

De persoon die ik aan de lijn kreeg bleek al direct de verantwoordelijke persoon te zijn voor het toezicht op gemeentes. In antwoord op mijn vraag bevestigde hij direct dat er inderdaad actief toezicht wordt gehouden op de gemeentes van de provincie. Hij liet mij ook meteen weten dat hij al wist wie ik was en dat hij reeds op de hoogte was van mijn dossier. Ook hij had de uitzending gezien. Ik vroeg hem wat er voor nodig was om een onderzoek naar de Gemeente Dordrecht opgestart te krijgen, inzake het naleven van de Archiefwet. Daar bleek een zogeheten IBT melding voor nodig te zien. Het bleek dat ook ik een IBT melding kon indienen, dus liet ik hem weten dat hij deze spoedig tegemoet kon zien. Op 10 december 2020 diende ik een IBT melding in via het klantcontactcentrum (KCC) van de provincie. Aangezien ik inmiddels al een beetje bekend begin te raken met de trukendoos van de gemeente, ben ik deze melding begonnen met een afbakening:

In het verleden heeft de Gemeente Dordrecht steeds enorm haar best gedaan om allerlei randzaken naar voren te halen om de kern van het probleem mee weg te moffelen. Die kern betreft het niet naleven van de aan haar opgelegde Archiefwet. Derhalve wil ik beginnen met te stellen dat mijn melding geen betrekking heeft op andere lopende zaken, noch over de inhoud van de betreffende e-mailberichten, maar enkel en alleen op het nalatig handelen ten opzichte van de Archiefwet.

Enkele dagen na deze IBT melding ontving ik een bericht terug, waarin mij ten eerste werd medegedeeld dat mijn melding in een dossier was opgenomen en daarmee dus was gearchiveerd. Hoe verfrissend. Zo kan het dus ook. Daarna werd gesteld dat men tot de conclusie was gekomen dat mijn melding niet over de Gemeente Dordrecht ging. De Sociale Dienst Drechtsteden is een dochterorganisatie van de Gemeenschappelijke Regeling Drechtsteden, waarin de gemeente Dordrecht één van de deelnemers is. Het Openbaar Lichaam Drechtsteden kent een Algemeen Bestuur (De Drechtraad) en een Dagelijks Bestuur (Het Drechtstedenbestuur) en voert naast een aantal autonome taken, ook taken voor haar deelnemers uit, het zij in delegatie, hetzij in mandaat.

Op grond van Artikel 50 van de Gemeenschappelijke Regeling Drechtsteden is het Drechtstedenbestuur als dagelijks bestuur belast met de zorg voor de archiefbescheiden van de organen van de gemeenschappelijke regeling. In artikel 51 van de Gemeenschappelijke regeling Drechtsteden is bepaald dat de archivaris van de gemeente Dordrecht is belast met het toezicht op het beheer van de archiefbescheiden, voor zover deze archiefbescheiden niet zijn overgebracht naar de archiefbewaarplaats. Mijn melding betrof in deze dus het niet naleven van de Archiefwet door de Sociale Dienst Drechtsteden, waarvoor de verantwoordelijkheid berust bij het Dagelijks Bestuur van de Drechtraad. Vanuit de provincie liet men weten dat mijn melding als IBT melding te beschouwen was en dat het een legitieme melding betrof. Daarmee werd de melding in behandeling genomen en ging men over tot actie.

HOOFDSTUK 13
DOORGELICHT

Ondanks het feit dat het een enorme doorbraak was dat de echtheid van mijn e-mails was komen vast te staan, hadden wij natuurlijk nog wel te maken met alle aantijgingen ten opzichte van de financiën en de administratie van de stichting. De ellende is dat je nooit tot de bodem van de zaak kunt komen, ook niet bij de rechter, wanneer er vanuit de Sociale Dienst Drechtsteden steeds geen goed en volledig onderzoek wordt uitgevoerd. Feitelijk is het vrij simpel. Als er een onderzoek wordt gedaan en goed af wordt gerond, dan komt daar een resultaat, een conclusie, uit voort. Daar kun je met z'n allen iets van vinden. Je kunt het ermee eens zijn of niet mee eens zijn. Daar kun je bij de rechter over spreken en je zienswijze over bekend maken, waarbij je de conclusie onderschrijft of met onderbouwingen onderuit tracht te halen. Maar geen onderzoek betekend dat er geen conclusies zijn. Er is geen eindresultaat. Dus er valt vrijwel niet te argumenteren bij de rechter, want je weet nooit wat je ter zitting weer te wachten staat. Dat wat men tegen ons wil gebruiken wordt niet vooraf gedeeld. Het kan wederom van alles zijn, een willekeurige transactie of weer een aantijging ergens van. We zijn al die tijd volledig in het ongewisse gelaten. En dat maakt deze zaak zo intens gemeen. Maandenlang heb ik gezocht naar hulp, door accountantskantoren te bellen en te vragen of ze ons gratis konden helpen. Het bracht allemaal geen resultaat.

Na de uitzending kwam ik echter in contact met een accountantskantoor, die kennis hadden genomen van de uitzending en de artikelen die er over onze zaak waren geschreven. Men gaf aan bereid te zijn om een beroepsmatig accountantsonderzoek uit te voeren naar de volledige administratie van de stichting. De voorwaarde was dat wij volledige inzage en openheid moesten geven. Er zou naar alle aspecten worden gekeken, maar er zou met name worden gezocht naar sporen van persoonlijk gewin door het bestuur. De Sociale Dienst Drechtsteden heeft altijd beweerd dat hun 'onderzoek' financiële verwevenheid met de stichting zou hebben aangetoond, dus daar zou zeer kritisch naar worden gekeken. In de uitspraak van de meervoudige kamer hadden drie rechters aangegeven dat ook zij van mening waren dat de administratie van de stichting op briefpapier van een accountant aangeleverd had moeten worden. Nogmaals, wanneer je de wet daarop naleest, dan zie je dat dit nergens een wettelijk vereiste is. Hoe dan ook, dit aanbod gaf ons wel de gelegenheid om de administratie door een accountant te laten onderzoeken, wat zou resulteren in bevindingen op briefpapier van een accountant. Daar hebben wij dan ook volmondig ja op gezegd. Inmiddels hadden we niets meer te verliezen, alleen nog maar te winnen. Toch was het natuurlijk lastig in te schatten hoe een accountant naar de administratie kijkt. De volledige administratie en de jaarstukken van de voorgaande jaren waren dan wel gemaakt met aanwijzingen van een gepensioneerd accountant, we hadden het nog steeds zelf moeten doen. Maar ja, as always, prepare for the worst, expect the best. Het lange wachten begon.

Inmiddels was het recreatieseizoen weer voorbij en moesten wij weer verkassen. Geloof me, op een gegeven moment is dat echt niet leuk meer. Het was al niet leuk bij de eerste keer, maar bij iedere keer dat je weer ergens anders naartoe moet zinkt de hoop je weer een stukje verder in de schoenen. Regelmatig heb ik mijn vrouw moeten troosten, die zich steeds bleef afvragen of het ooit nog wel goed zou gaan komen en we ooit nog een eigen huis zouden hebben. Natuurlijk deed ik wat ik kon om haar gerust te stellen, maar beloftes maken kan ik ook niet, want ik weet niet hoe het zal gaan verlopen. Dit land herken ik niet meer als mijn land. Ik zie hoe er gepronkt wordt dat het internationaal strafhof in ons land is gevestigd, maar zie tegelijk hoe onze eigen bestuurders dezelfde mensenrechten overtreden waar leiders uit andere landen op Nederlandse bodem voor worden veroordeeld. Daar zal ik iets verderop een onderbouwing voor geven.

Wij zaten dus op een camping en moesten weer verplaatsen. Op het laatste moment kwamen wij in contact met een Duitse evangelist, die een klein appartement beschikbaar had waar wij voor twee maanden konden verblijven. Een dag voor de lockdown in Duitsland van kracht werd vertrokken wij naar dat appartement. Het was een prachtige omgeving, maar wennen viel niet mee. De lockdown had alles er ook niet bepaald gezelliger op gemaakt. En net op het moment dat je enigszins gewend begint te raken, moet je weer vertrekken. Ditmaal konden we, met de hulp van een vriend, een aantal weken in een chalet verblijven, vlakbij onze ouders, terug in Nederland. Een andere vriend van ons liet ons intussen weten dat hij een plek voor ons had waar we de resterende tijd tot 1 april 2021, de aanvang van het nieuwe recreatieseizoen, konden verblijven. Dan zouden we in principe weer terug kunnen gaan naar de stacaravan. Dat zou de cirkel weer rond moeten maken, maar het is natuurlijk maar zeer de vraag of de campings in Nederland wel open mogen per 1 april. Want Corona. De tijd zal het leren.

Inmiddels is het alweer 2021, het vierde jaar van deze ellende is aangebroken. Het is tevens het jaar waarin alle rechtszaken zullen plaatsvinden. De zaken voor wat betreft de opschorting, intrekking en terugvordering van de bijstandsuitkering zullen gezamenlijk gaan plaatsvinden bij de Centrale Raad van Beroep. Dat had al in de zomer van 2020 moeten plaatsvinden, maar is vanwege Corona met een jaar uitgesteld. Ach, wat is een jaar he. Naast deze zaken zou er ook een rechtszaak gaan plaatsvinden voor wat betreft de afgewezen WOB verzoeken. Die zou in januari 2021 gaan plaatsvinden en dat heeft ook z'n doorgang gevonden. In de eerste week van januari ging ik wederom naar de rechtbank in Rotterdam. Eerlijk gezegd had ik er al weinig vertrouwen meer in want ik kan inmiddels geen bestuursrechter meer zien. Ter zitting hebben we ons verhaal kunnen doen, waarmee ik duidelijk maakte wat het belang van de WOB verzoeken was, namelijk een roep om transparantie. Het was een noodkreet, een wanhoopsdaad, om op die manier achter de waarheid te kunnen komen van wat de ambtenaren van de sociale dienst met onze e-mails hadden gedaan. En waren ze wel echt weg? Of waren ze 'toevallig' pas heel recentelijk gewist, om daarmee hun zaak tegen ons staande te kunnen houden?

Twee ambtenaren van de gemeente verkondigde ter zitting weer dezelfde wollige en onjuiste weergave van de Archiefwet. Tijdens dit betoog wierp één van deze ambtenaren een blik mijn kant op, waarop hij tegen de rechter zei dat de gemeente van mening was dat meneer Prijs de WOB procedures misbruikte, om daarmee een andere zaak te trachten beïnvloeden. Het zou allemaal oneigenlijk gebruik van de WOB procedure zijn, die daar niet voor bedoelt zou zijn. Hij keek oprecht boos en geïrriteerd. Maar die irritatie zat 'm er met name in dat er iemand aan het meekijken was in hun keuken en dat beviel hen allerminst. Een transparante overheid moeten we immers niet willen met z'n allen. In Dordrecht heeft de gemeente liever dat men in het geheim alles kan verrichten, zonder pottenkijkers. Inmiddels weten we dat wanneer iets het daglicht niet kan verdragen, het zeer waarschijnlijk louche zaakjes zijn. Het moedigt mij alleen maar aan om nog verder te gaan graven. Verder stelde de man dat ik voor verantwoording maar een zaak moest beginnen om de Sociale Dienst Drechtsteden aansprakelijk te stellen. Ja, dat zouden ze wel willen, want dan komen ze er makkelijk mee weg. Dan blijft de zaak beperkt tot alleen mijn verdwenen e-mails en wordt er hooguit een bedrag uitgekeerd als schadevergoeding, die men dan in mindering brengt op de openstaande vordering. Een glas, een plas en alles bleef zoals het was. Niet dus. Inmiddels was het mij wel duidelijk dat dit soort praktijken aan de orde van de dag zijn daar, waardoor er dus vele gedupeerden moeten zijn. Het viel mij overigens ook op dat beiden duidelijk nog geen kennis hadden genomen van mijn IBT melding bij de provincie. Anders hadden ze dat zeker nog jammerend ingebracht. De rechter keerde zich tot mij en vroeg mij of ik daarop wilde reageren. Op mij kwam en komt het bestuursrecht alleen nog maar over als een schijnvertoning, waarbij het oordeel op voorhand al vaststaat en de zitting slechts voor de beeldvorming plaatsvind. Hoe dan ook, ik liet de rechter weten dat het mijn recht is, als Nederlands staatsburger, om een WOB verzoek in te dienen. De zitting werd gesloten en de rechter liet weten binnen zes weken uitspraak te doen. Volledig binnen de lijn der verwachting werd onze zaak wederom ongegrond verklaard. Want bestuursrecht. Want collega-ambtenaren. De vraag of de e-mails er hadden moeten zijn, en of deze al dan niet bewust zijn verwijderd, werd lafjes in het midden gelaten. Wat kan ik er nog van zeggen? Het morele kompas van de meeste bestuursrechters is zo kapot dat het mij verbaasd dat ze de weg naar huis nog kunnen vinden.

Inmiddels waren er al bijna twee maanden voorbij gegaan sinds het accountskantoor hun onderzoek waren begonnen naar de administratie van de Stichting LoveUnlimited Ministries. Hoewel er diverse vragen waren gesteld en diverse stukken waren opgevraagd, had ik nog geen enkele indicatie gekregen van wat voor soort uitkomst ik kon gaan verwachten. In een zaak als deze leer je wel om geduldig te zijn, maar toch kun je soms beginnen te twijfelen na alles wat ons ten laste is gelegd. Was de administratie niet goed gedaan? Hadden we verkeerde grootboekrekeningen gebruikt? Ik wist het allemaal ook niet meer. Het enige wat ik wel wist was dat wij alles zo goed en gedetailleerd mogelijk hadden verwerkt in de administratie. Maar of het voldoende zou zijn? Dat moest nog gaan blijken. Toen kreeg ik dan toch eindelijk een accountant aan de telefoon. Hij liet mij weten dat er tijdens hun onderzoek geen vreemde dingen waren gevonden. Er was geen sprake van financiële verstrengeling, de tegoeden van de stichting waren aantoonbaar aangewend voor de doelen van de stichting, er waren geen uitkeringen gedaan naar bestuursleden en er waren zelfs geen onkostendeclaraties ingediend of uitgekeerd aan het bestuur. Daarbij was tevens geconstateerd dat mijn vrouw en ik alleen maar hebben bijdragen aan de stichting, door zelf ook mee te doneren. Alle financiële middelen van de stichting waren tot op de laatste cent verantwoord. Eindelijk iemand die kon zien wat er werkelijk is gebeurd. Binnen enkele weken zou men een rapport uitbrengen met al hun bevindingen. Natuurlijk was dit een enorme opluchting, maar tegelijk voelde ik ook een boosheid opkomen. Hoe kan het bestaan dat een accountantskantoor alles kan verifiëren, na een gedegen onderzoek van bijna twee maanden, waar een handhaver van de Sociale Dienst Drechtsteden na vijf hele minuten onderzoek concludeert dat wij fraudeurs zijn? Denkt hij soms röntgenogen te hebben? Het hele flutonderzoek van de gemeente hangt van de aannames aan elkaar, maar het blijkt nergens uit dat er een gedegen onderzoek is gedaan. Dat kan ook niet, want daarvoor had hij ons moeten ondervragen en/of verhoren. Dat is in het geheel achterwege gebleven. Tot op heden blijft het voor ons ook onbegrijpelijk dat alle bestuursrechters die zich tot op heden over onze zaak hebben gebogen niet hebben gezien dat wij nooit gehoord zijn. Het meest opvallende aan onze zaak is niet wat de sociale dienst wel heeft gedaan, maar juist wat men achterwege heeft gelaten, in daden en in woorden. Dat dit rechters niet opvalt zegt heel veel over de kwaliteit van het bestuursrecht. Ook al gaan we de volgende keer dus met een rapportage van een accountantskantoor en meerdere getuigenverklaringen naar de rechter, heel veel vertrouwen is er bij ons niet meer.

In de uitzending werd door de woordvoerder van de gemeente gesteld dat men zich echt wel aan de wet houdt, inzake de naleving van de wettelijke bewaarplicht en de Archiefwet. Teun van de Keuken haalde dit onderuit, door te stellen dat mijn e-mails er dan nog zouden zijn geweest. Maar is dit wel een individuele casus? Natuurlijk draaien de spindokters overuren om zoveel mogelijk in te zoomen op onze casus, zodat het onderwerp van het gesprek veranderd. Maar ik draag graag mijn steentje bij om iedereen on topic te houden. Ook zelf ben ik verder gaan graven, om te verifiëren of die stelling van de woordvoerder wel klopt. Met de hulp van de Provincie Zuid-Holland kwam ik uiteindelijk bij diverse rapportages over de afgelopen jaren uit. Uit die rapportages blijkt dat alle Drechtsteden gemeentes, dus inclusief de Gemeente Dordrecht, hun zaakjes al jaren op rij niet op orde hebben en de Archiefwet dus helemaal niet naleven. Al meerdere jaren verdwijnen er zomaar e-mails en belangrijke archiefwaardige stukken spoorloos. Meerdere malen heeft de archivaris van de Gemeente Dordrecht, de interne toezichthouder, hier melding van gemaakt bij de Provincie Zuid-Holland. Hieruit blijkt dus dat de woordvoerder glashard heeft gelogen in de uitzending van De Monitor.

Als voormalig IT professional kan ik je vertellen dat je wel heel moedwillig stukken moet verwijderen, om ervoor te zorgen dat deze onherstelbaar gewist zijn. Op een mailserver verdwijnen e-mails niet zomaar. Zo worden verwijderde e-mails allereerst opgeslagen in de map 'Verwijderde items', zodat de gebruiker ze nog terug kan halen. Wanneer ook deze map wordt geleegd, dan zijn de mails voor de gebruiker weg, maar niet voor de beheerders. Wanneer ook de beheerders alles verwijderen, dan is er nog de backup. Er moeten dus aardig wat bewuste stappen worden genomen om e-mails definitief verwijderd te krijgen. Iets klopt er daar niet en het is mijn vermoeden dat er nog heel veel te vinden is daar. Het heeft er alle schijn van dat stukken bewust niet worden gearchiveerd en bewust worden gewist, om daarmee openingen te creëren voor een tenlastelegging schending inlichtingenplicht. Ze hoeven immers verder toch niets te bewijzen voor de niet kritische bestuursrechters. Het enige wat ze hoeven doen is de echtheid van de bewijsstukken in twijfel te trekken en de bestuursrechter hapt toe alsof hij (m/v) al een week niet gegeten heeft. Omdat ik toch wel erg benieuwd was geworden hoe vaak dit nu voorkomt, ben ik tientallen uitspraken in soortgelijke gevallen gaan bekijken. Daaruit bleek dat zo'n 80% van de zaken moeiteloos worden gewonnen door sociale diensten. Het is dus zeer lonend om in te zetten op schending inlichtingenplicht, want die 20% verlies wordt door gemeentes gewoon als een ingecalculeerd verlies gezien, terwijl ze met gemak 80% winst halen.

Wat blijf er dan nog over, nu de argumenten voor de schending inlichtingenplicht en de administratie van de stichting onderuit zijn gehaald? De op geld waardeerbare arbeid. Tja, dat vind ik dan wel zo'n triest argument. Wellicht is het goed om even terug te bladeren naar het begin van hoofdstuk 7, om te zien hoe mijn dagen eruit zagen. Dagelijks was ik van 7:00 tot circa 21:00 uur met de taxi bezig of oproepbaar. Toch werd ter zitting gesteld dat ik fulltime bezig zou zijn met werkzaamheden voor de stichting en dat men zich afvroeg of ik überhaupt wel tijd had voor sollicitaties, terwijl dit in realiteit slechts een aantal Christelijke samenkomsten betrof, in de avonden en in weekenden. Het was in verband met mijn werkzaamheden op de taxi praktisch gezien niet eens mogelijk om fulltime met de stichting bezig te zijn, al had ik dat gewild. Tevens stuurde ik hen ook steeds al mijn sollicitatieactiviteiten toe, dus alles was inzichtelijk. Tenzij ze dat natuurlijk ook kwijt zijn geraakt. Maar dat was nog niet alles. Ik ging voor in die samenkomsten, gaf Bijbelstudies en ondersteunde mensen met gebed. Zonder daar enige vergoeding voor te vragen. Voor de Sociale Dienst Drechtsteden was dit geen invulling geven aan mijn vrijheid van godsdienst, maar op geld waardeerbare arbeid. In het begin van deze zaken beweerde men bij hoog en bij laag dat ik hier wel inkomsten uit had verkregen, zonder dit op enige wijze te onderbouwen. Later kwam men ook in Dordrecht tot de conclusie dat die aantijging misschien niet zo heel handig was, zonder deze degelijk te onderbouwen. Derhalve stelde men dit bij. Vanaf dat moment stelde men dat 'het eigenlijk ook niet uitmaakt of meneer Prijs er wel of geen geld mee verdiend heeft, hij had er geld mee kunnen verdienen.' Er zijn immers mensen die deze activiteiten verrichten en daar geld mee verdienen. Op die manier kun je alle activiteiten ombuigen naar op geld waardeerbare arbeid, want er is altijd wel iemand die met dezelfde activiteiten geld verdient. De amateur voetballer zou geld kunnen verdienen, want er zijn ook professionele voetballers die bakken met geld naar binnen halen. Iedere zanger of band zou geld kunnen verdienen, want er zijn immers ook artiesten die in grote stadions optreden en miljoenen naar binnen harken. Dat wil echter nog niet zeggen dat iedereen er geld mee verdient of geld mee kan verdienen. In hun hoofden zagen zij echter Amerikaanse Christelijke leiders in privévliegtuigen rondvliegen. Dat kan in ons geval natuurlijk niet anders zijn. Misschien moeten we de aanschaf van de Gulfstream (uiteraard met gouden kranen) toch maar even uitstellen.

Goed, het klopt dat er in die tijd twee van mijn boeken zijn uitgegeven. Dat gegeven is ook netjes gemeld. Dit betrof één van de e-mails die in de tv uitzending zijn getoetst en waar ik een ontvangstbevestiging voor heb ontvangen. Onze klantmanager besloot dit bericht echter te negeren, het werd nergens gearchiveerd en bovendien gewist van alle systemen. Nu zou je natuurlijk kunnen stellen dat er inkomsten verkregen kunnen worden uit de royalty's. Daar kan ik in meegaan. In mijn geval had ik besloten om de rechten van de boeken over te dragen aan de stichting, zeker gezien de marginale oplage. Ook daar had ik melding van gemaakt. Ook die e-mail is in de uitzending op echtheid getoetst. Ook dat is genegeerd. De inkomsten van de stichting bestonden uit donaties en uit inkomsten vanuit de webwinkel van de stichting, die bemand werd door vrijwilligers. Daaraan ontleende de stichting haar bestaansrecht. Geen stichting of vereniging kan bestaan zonder inkomsten. Het moet ergens vandaan komen. Ook dat is gemeld. Ook die e-mail is in de uitzending getoetst. Ook dat is genegeerd.

Dezelfde klantmanager die deze berichten heeft genegeerd, heeft eind 2017 een melding gedaan aan de handhaver, na eerst mijn e-mails zorgvuldig verwijderd te hebben, waarin zij stelde 'ontdekt' te hebben waar wij bij betrokken waren en dat wij dit nooit zouden hebben gemeld. Dat was echter geen ontdekking, want daar was zij van op de hoogte. Die e-mails heeft zij gelezen, want deze behoren tot de selectie e-mails die zij heeft verwijderd, terwijl ze de andere berichten heeft bewaard. Dat betekend dat zij van de inhoud kennis moest nemen, om te bepalen welke berichten zij zou bewaren en welke niet. Dit werd echter gedaan om daarmee haar eigen falen toe te dekken, met alle desastreuze gevolgen voor ons van dien. Wat een empathisch persoon en integere ambtenaar had gedaan, was een gesprek aangaan met de client. In dat gesprek kun je bespreken wat de client heeft gemeld. Daar kun je het mee eens zijn of niet mee eens zijn, maar dan beginnen de meldingen en de daaruit voortvloeiende gesprekken actief onderdeel uit te maken van het dossier. Nu valt alles echter onder het label 'ontdekt', waarmee wij in het hokje zijn geduwd van mensen die belangrijke feiten bewust verborgen hebben gehouden voor de sociale dienst. Dat is een heel eng hokje kan ik je zeggen. Tot op de dag van vandaag stelt de Sociale Dienst Drechtsteden nog steeds dat wij 'welbewust fraude hebben gepleegd'. Ik laat het verder aan de lezer over om daar iets van te vinden.

HOOFDSTUK 14
FACTOR 10

Nu je mijn persoonlijke ervaringen in de bijstandsaffaire kent en weet waar mijn vrouw en ik doorheen hebben moeten gaan, zijn we aangekomen bij het deel waar ik verder in zal gaan op de Nederlandse wetgeving en mijn persoonlijke bevindingen. Voor de buitenwereld en in de media sta ik momenteel bekend omdat ik door de Sociale Dienst Drechtsteden het label fraudeur opgeplakt heb gekregen. Of dat terecht of onterecht is laat ik aan de lezer over. Toch wil ik je meegeven dat dit niet altijd zo geweest is. Voordat de ambtenaren in Dordrecht mijn naam en reputatie hebben geruïneerd stond ik goed bekend binnen mijn professionele netwerk. Zo moest ik voor voormalige posities en opdrachtgevers regelmatig een VOG (Verklaring Omtrent Gedrag) kunnen overleggen, wat ook nooit een probleem is geweest. Maar vergeet dat VOG papiertje, want in de realiteit stelt dat nauwelijks iets voor. Naast de VOG verklaring ben ik namelijk ook diverse malen onderzocht door detectivebureaus, waarbij mijn hele privéleven en mijn financiën binnenstebuiten werden gekeerd. Ik heb A screenings ondergaan bij de AIVD en de MIVD. Dat zijn de hoogst mogelijke screenings in Nederland. Iedere vorm van onderzoek en iedere screening heb ik altijd 100% doorstaan. Ik heb met zeer vertrouwelijke informatie gewerkt, ook met zeer gevoelige overheidsinformatie op het hoogste niveau. Daar ga ik verder geen uitspraken over doen, maar je kunt er vanuit gaan dat je niet zomaar op dergelijke posities terecht komt. Dus nee, ik ben niet het stereotype bijstandstrekker en wil dat ook nooit worden. Wel ben ik iemand die niet de andere kant opkijkt wanneer ik onrecht zie.

Nu ik weet wat ik te weten ben gekomen over hoe mensen in deze westerse 'beschaving' worden behandeld, in het kader van de Participatiewet, kan ik niet anders meer dan opkomen voor de vele levens die dagelijks door onze overheid worden verwoest. Dit boek is dan ook voor hen bedoelt, niet om mijn eigen betoog te kunnen houden. Mijn eigen betoog doe ik wel voor de rechter. De door mij gedeelde ervaringen worden nauwelijks tot niet gedeeld door deze doelgroep, waardoor het grootste deel van de

Nederlanders niet op de hoogte is van wat er achter de schermen bij de sociale diensten plaatsvind en de meeste mensen deze groep nog steeds zien als 'het werkschuwe tuig'. Vooral dat laatste is volledig onterecht. Ik heb vanuit mijn persoonlijke observaties kunnen constateren dat de meeste mensen in de bijstand maar wat graag weer zo snel mogelijk aan het werk zouden willen. Natuurlijk is er altijd een groep die de bijstand wel prima vind en inderdaad werkschuw is (geworden), maar zij vormen gelukkig nog steeds de minderheid van de groep die een bijstandsuitkering ontvangt. Zoals ik reeds vele malen heb gezegd, de sociale diensten zijn hun naam niet meer waardig. Het is niet sociaal en van dienstbaarheid is al helemaal geen sprake.

Door de jaren heen heb ik diverse mensen leren kennen, maar ik ben altijd zeer selectief geweest in wie ik toeliet in mijn persoonlijke netwerk. Eén van die mensen is een man die een eigen mediaproductiebedrijf heeft, regelmatig voor de Nederlandse media werkt en inmiddels ook al een redelijk bekende dj is. Toen wij met elkaar spraken over hoe de staatssecretaris het deed voorkomen alsof dit een incidentele casus is, beschreef hij het nog het beste. Hij vertelde over zijn tijd als radiomaker in de piratentijd, bij het toenmalige Keizerstad FM. Wanneer een luisteraar daar een klacht indiende, zei hij altijd tegen de dj's dat zij daar factor 10 op moesten toepassen. "Voor iedere luisteraar die de moeite neemt om een klacht in te dienen, zijn er 9 die zich aan hetzelfde ergeren, maar niet klagen." Voor wat betreft de bijstandsaffaire denk ik echter dat je daar een factor 100 op moet toepassen. Voor ieder persoon die de moeite neemt en de moed heeft om de media in te schakelen, zijn er zeker 99 die hetzelfde hebben meegemaakt, maar niets (durven) zeggen. Dat heeft voornamelijk te maken met de enorme schaamtecultuur die daaromheen is ontstaan en de angst voor represailles. Wanneer je dit leest dan wil ik je dan ook vragen om dat in je achterhoofd te houden. Dit is geen incident. Daarvoor loopt het veel te gestructureerd.

De grote vraag die hier natuurlijk speelt is waar het nu precies fout gaat. Als Christen leg ik de eerste verantwoordelijkheid bij de kerk en ben ik van mening dat de kerk ernstig in gebreke is gebleven. Met 'de kerk' bedoel ik alle Christenen en denominaties binnen het Christendom, aangezien allen over dezelfde Bijbel beschikken. Daarmee reken ik het ook mezelf toe, omdat ook ik daar deel van uit maak. In de eerste eeuwen van het bestaan van de kerk bestonden er nog geen denominaties. Er was slechts één kerk en alle Christenen maakten daar onderdeel van uit. Die kerk stond niet bekend om de grote indrukwekkende kerkgebouwen en de poppenkast die daar vaak in afspeelt, maar om iets compleet anders. In de allereerste plaats viel het de samenleving op dat wanneer iemand Christen werd, dat zijn of haar gedrag ten goede begon te veranderen. Sommige mensen veranderden zo radicaal dat zij nauwelijks nog terug te herkennen waren. Opeens werden het hele liefdevolle mensen, die oprecht om hun medemensen begonnen te geven. Maar wat de samenleving vooral opviel was de zorg die de toenmalige kerk betoonde aan de zwaksten van de samenleving. In die tijd was het voor een samenleving heel gewoon om de zwaksten links te laten liggen. Het ging om het recht van de sterksten.

Als je geen werk had, dan hoorde je er niet meer bij er werd je gewoon arm. Als je geluk had, dan kreeg je voldoende aalmoezen bij elkaar om iets te kunnen eten, maar anders had je gewoon niets. In die tijd was de man de voorziener van het huishouden. Hij moest het inkomen voor zijn gezin bij elkaar zien te krijgen. Maar wanneer hij kwam te overlijden, dan had het gezin een groot probleem en was er dus geen inkomen meer. In het gebied rond de Middellandse Zee was het ook altijd heel normaal dat je oudedagsvoorziening je kinderen waren. Als je geen kinderen had of wanneer je kinderen voor jou waren gestorven, dan had je dus niets en mocht je op hoogbejaarde leeftijd weer volledig aan de bak. Want je moest toch eten. En dan hebben we het nog niet eens over de mensen met een handicap, waar vrijwel niemand naar omkeek. Alle mensen uit deze categorieën waren mensen waar de samenleving op neerkeek en hun neus voor ophaalden. Zodra de kerk begon te bestaan begonnen zij direct met het omzien naar juist dit soort mensen. En die zorg was zeer vergaand. Deze mensen werden financieel bijgestaan, zodat zij in hun onderhoud konden blijven voorzien. Er werden maaltijden geregeld. Weer anderen vingen mensen in nood in hun eigen huizen op. Dat was voor de samenleving van die tijd onbegrijpelijk en tevens een enorm voorbeeld van ware liefde voor de medemens. Voor de Christenen was het echter hun Bijbelse opdracht, ook al zagen zij het niet als iets wat zij moesten doen, maar zagen de meesten het als een voorrecht. Het ware

Christendom blijkt niet uit mooie woorden, liturgieën, indrukwekkende gebouwen of af en toe een euro in de collectezak stoppen. Het blijkt uit de vruchten van je leven. Liefde heeft een gezicht. Ware liefde blijkt uit daden en kijkt in de eerste plaats naar het soort mensen waar iedereen aan voorbij loopt. Dat was ook wat Jezus deed, zonder Zich zorgen te maken over hoe dat overkwam bij de belangrijkste mensen van de toenmalige samenleving. De kerk heeft die houding nog eeuwenlang voortgezet en vele mensen actief en liefdevol geholpen.

Het behoeft geen enkele uitleg dat de kerk door de eeuwen heen verre is gegroeid van wat het toen was. Twee eeuwen geleden bleek het zelfs nodig om een wet aan te nemen, die de kerk ertoe dwong om hun Bijbelse zorgplicht uit te voeren. In de praktijk bleek dit lastig te realiseren. De zorg voor de eerder genoemde doelgroepen was wel een prioriteit, maar allang niet meer een hoofdzaak, zoals voorheen. Belangrijker waren de grote kerkgebouwen en riante salarissen van kerkleiders, waar bakken met geld naartoe gingen. Dan blijft er niet zoveel meer over voor andere dingen. Wanneer de zorg voor onze medemensen niet van binnenuit komt, vanuit het hart, maar van bovenaf moet worden opgelegd, dan kom je in een hele andere sfeer terecht. Per saldo kwam het erop neer dat er vele armen, weduwen en wezen waren die gewoon niet tot nauwelijks konden leven en moesten gaan schooien om rond te komen. Laat me daar wel aan toevoegen dat er in iedere periode wel altijd mensen zijn geweest die wel degelijk het hart op de juiste plaats hadden en actief hun medemens hebben geholpen. Het betrof alleen niet de meerderheid van de kerk, maar een klein deel daarvan. Ik vind dat dat de kerk kwalijk is te nemen en dat er in de afgelopen eeuwen verkeerde prioriteiten zijn gesteld. Een situatie die ertoe leidde dat er een vacuüm ontstond. Een vacuüm welke werd opgemerkt door de toenmalige KVP minister Marga Klompé.

De KVP was de voorloper van het huidige CDA. Marga Klompé was de minister van Cultuur, Recreatie en Maatschappelijk Werk in het kabinet De Quay, toen zij constateerde dat het helemaal niet goed ging met deze groepen mensen. Zij was van mening dat deze situatie uit de genadesfeer gehaald moest worden en dat mensen recht moesten krijgen op een minimuminkomen, wanneer zij in situaties terecht kwamen waar ze niet (voldoende) voor zichzelf konden zorgen. Het moest allemaal uit de schaamtecultuur komen en onder het beheer van de kerken vandaan worden gehaald. Persoonlijk ben ik het daar niet mee eens, want ik had liever gezien dat de kerk haar taken serieuzer had genomen. Maar ik zie ook in dat er wel iets gedaan moest worden. In 1963 werd, op haar initiatief, voor het eerst de Algemene Bijstandswet aangenomen, welke per 1965 effectief werd. Daarmee was de bijstand in Nederland geboren. 'Van genade naar recht', zo typeerde Klompé het zelf.

"Als natuurwetenschapper ben ik ervan overtuigd dat de wetenschap haar grenzen heeft. Als ik de mensen dus meer zelfvertrouwen toewens, bedoel ik daarmee niet dat ze in zichzelf moeten geloven omdat de wetenschap tot alles in staat zou zijn. Wèl denk ik dat door in God te geloven mensen verbeteringen tot stand kunnen brengen, waartoe ze met de wetenschap alleen nooit in staat zijn. Wat ik de mensen dus toewens is (...) dat ze zich niet zullen laten meeslepen door 'selffulfilling prophecies' die beweren dat de wereld toch niet meer te redden is of dat het christendom toch gedoemd is om te verdwijnen; dat ze, kortom, niet bang zijn en de moed vatten om de liefde in praktijk te brengen."

Dat is een stelling waar ik achter kan staan en ik twijfel ook niet aan de motivaties die ten grondslag lagen aan de invoering van de bijstand. Er is anno nu echter niets meer terug te herkennen van die liefdevolle motivatie en de wil om mensen werkelijk bij te staan en te helpen naar zelfstandigheid. Met de komst van de participatiewet zijn alle normen en waarden, die ten grondslag lagen aan de bijstand, de nek omgedraaid. De invoering van de dubieuze fraudewet van 2013 deed hier nog een behoorlijke schep bovenop en heeft van alle Nederlandse burgers opslag potentiële fraudeurs gemaakt, vanaf het moment dat zij een toeslag of een uitkering aanvragen in het kader van de participatiewet. In de ogen van de overheid zijn al deze mensen potentiële fraudeurs, die ook als zodanig worden behandeld, totdat zij zelf het tegendeel kunnen bewijzen. Het zogenoemde laatste vangnet blijkt dan ook niet te zijn ingericht om mensen die zich in de schaduw van het leven bevinden op te vangen en te helpen, maar om mensen die door gemeentes vaak als last worden beschouwd in een valkuil te laten lopen. Daar is de fraudewet ook volledig op ingericht.

Bij de invoering van de fraudewet werd deze te pas en te onpas aangegrepen om burgers zo ver mogelijk de vernieling in te helpen, om mensen daarmee te ontmoedigen gebruik te maken van de bijstand. Gemeenteambtenaren legden keer op keer een 100% boete op, om daarmee de pijn te maximaliseren. Dat betekend dat zij iemand aanmerkten als fraudeur, alle uitkering terugeisten en 100% van het terug te eisen bedrag ook nog als boete oplegden. Wanneer je dus bijvoorbeeld € 40.000 uitkering moest terugbetalen, moest je daarbovenop nog eens een extra € 40.000 aan boete betalen. Dat dit systeem lukraak werd toegepast vond iedereen maar normaal. Vanzelfsprekend vonden ook de bestuursrechters dit volkomen normaal. Want bestuursrecht. Pas bij de Centrale Raad van Beroep begon daar uiteindelijk een beetje verandering in te komen. De CRvB stelde dat de boetes zo hoog waren dat dit vraagt om een indringendere toets aan het evenredigheidsbeginsel. Het lag naar het oordeel van de CRvB in de rede om alleen een boete van 100% van het benadelingsbedrag op te leggen als opzet was bewezen en van 75% als grove schuld was bewezen. In de overige gevallen werd 50% het uitgangspunt. Als er sprake zou zijn van verminderde verwijtbaarheid werd de boete verlaagd tot 25%. Op dit punt kwam de bewijslast dus bij de sociale diensten te liggen, maar dan ook echt alleen op dit punt.

Wanneer je te maken krijgt met een situatie waar een sociale dienst van mening is dat er iets niet in de haak zit, dan hoeft men alleen maar te stellen dat het zo is. Stel, je zit in het bestuur van een voetbalclub en je komt in de bijstand terecht. Op dat moment ben je per direct een potentiële fraudeur. Ter goeder trouw maak je netjes melding van je activiteiten en je positie als bestuurslid. Omdat je als bestuurslid toegang hebt tot de bankrekening van de voetbalvereniging, wordt dit door de sociale dienst per direct gezien als een en/of rekening, oftewel, een bankrekening waar jij mede-eigenaar van bent en vrijelijk over kunt beschikken. Dat je wettelijk gezien als bestuurslid helemaal geen geld van die bankrekening voor jezelf mag opnemen, doet voor hen niet ter zake. Men wacht eerst een paar jaar, om het bedrag op te laten lopen, en dan eist men de gehele administratie van de voetbalvereniging op, inclusief alle persoonsgegevens van alle betrokkenen. Werk je daar niet aan mee? Dan wordt je uitkering opgeschort. Werk je nog steeds niet mee of kun je niet meewerken omdat dit een onwettig verzoek is? Dan wordt het recht op uitkering ingetrokken. Direct daaropvolgend krijg je een brief binnen dat de sociale dienst heeft besloten om je uitkering over de afgelopen jaren terug te vorderen, want het recht op bijstand is volgens hen niet meer vast te stellen. Er volgt nog een hoorzitting, waar de hoogte van de boete wordt bepaald, en de zaak is voor hen afgerond en jij zit zonder inkomen. Op de korte termijn kun je dan nog een voorlopige voorziening aanvragen bij de bestuursrechter, maar daar hoor je ambtenaren van de gemeente opeens beweren dat je vast wel wat geld van de rekening van de voetbalvereniging hebt geplukt en dat je je iedere zaterdag zit vol te eten in de kantine, op kosten van de club. Vervolgens stelt men dat de voetbalvereniging jouw eigendom is en dat alle inkomsten van de vereniging jouw persoonlijke inkomsten zijn, waar je melding van had moeten maken. Omdat je dat niet gedaan hebt wordt jou bovendien schending inlichtingenplicht ten laste gelegd. Of dit waar is of niet doet voor de bestuursrechter niet ter zake. Vanaf dat moment moet jij gaan bewijzen dat het niet zo is. Voor wat betreft dit soort aantijgingen rust er geen enkele bewijslast bij de sociale diensten. Alleen wanneer het op de boete aankomt, moet men aannemelijk maken dat er sprake is van een vorm van opzet of verwijtbaarheid. Daar hoeft een ambtenaar bij de bestuursrechter overigens ook maar nauwelijks moeite voor te doen, want het bestuursrecht accepteert als snel iets als 'bewijs'. Wegens gebrek aan inkomen kun je niet meer aan je vaste lasten voldoen en je wordt op straat gezet. Vanaf dat moment ben jij dakloos en mag je zonder inkomen in leven zien te blijven, terwijl je een jarenlange juridische strijd staat te wachten.

Nu heb ik er in dit voorbeeld een voetbalvereniging van gemaakt, maar dit is dus precies wat er in ons geval is gebeurd. Alleen betrof het bij ons een Christelijke stichting. In de door mij omschreven persoonlijke casus besloot de Sociale Dienst Drechtsteden om in deze zaak geen boete op te leggen. Dit besluit werd niet door hen gemotiveerd, maar is wel een juridisch statement. Als verminderde verwijtbaarheid leidt tot een boete van 25%, wat zegt het dan eigenlijk als er geen boete wordt opgelegd? Trek zelf je conclusies. Maar waren wij nu echt een unieke casus? Kijkend naar het gemak waarmee dit alles is gedaan, en naar hoe gestroomlijnd dit verliep, kon ik alleen maar concluderen dat dit aan de orde van de dag moet zijn. Het hele systeem is daarop ingericht. Ik besloot op onderzoek uit te gaan, om te kijken of dit vaker voorkwam. Ik ben geen journalist, maar dat wat ik zeg wil ik wel gefundeerd kunnen doen. Bij het verspreiden van leugens moet je steeds weer nieuwe leugens verzinnen om de voorgaande leugens in stand te kunnen houden. Het mooie van de waarheid is echter dat deze onveranderlijk is. Je kunt er een hoop omheen verzinnen, je kunt de aandacht er van proberen af te leiden, maar uiteindelijk blijft de waarheid onveranderlijk. Je kunt er niet omheen. Uiteindelijk zal de waarheid altijd zegevieren, ook al gaat er soms een lange strijd aan vooraf.

De goede intenties waarmee de bijstand ooit in het leven werd geroepen zijn al lang en breed verdwenen. Daar is werkelijk niets meer van over dan alleen wat mooie politieke praatjes, waar in de praktijk niets van terug te zien is. De schaamtecultuur waar mensen uit gered moesten worden, door middel van de invoering van de bijstandswet, is niet alleen terug, maar is vele malen erger dan het toen was. Daarmee is er wederom een vacuüm ontstaan. De vraag is echter wie dit gaat opvullen. Als Christen zeg ik dat dit de kans is voor de kerk om aan de maatschappij te laten zien waar het geloof werkelijk om gaat.

HOOFDSTUK 15

NIET ALLEEN

Al vrij snel werd het mij duidelijk dat wij niet bepaald alleen stonden. Het eerste wat ik vond was bijvoorbeeld een zeer interessant artikel in De Correspondent, met de titel 'De man die een taakstraf kreeg voor vrijwilligerswerk', geschreven door Rutger Bregman. Bij het lezen van de eerste regels had het artikel al direct mijn volle aandacht.

Drie mannen in een oranje hesje - twee van rond de twintig, één rond de vijftig - beginnen aan hun ochtendshift. Ze hebben alle drie een taakstraf gekregen.

'Wat hebben jullie eigenlijk uitgespookt?' vraagt de jongste aan de andere twee. 'Ik heb een bushokje gesloopt.'

'Ah,' reageert zijn leeftijdsgenoot, 'ik heb iemand in elkaar geslagen.'

'En jij dan?,' vragen ze aan de oudere man.

Het is even stil.

'Ik heb vrijwilligerswerk gedaan in mijn kerk.'

Wat volgt is een zeer bizar verhaal, wat je nog steeds terug kunt lezen als je even Googelt op de titel. In het artikel worden diverse voorbeelden aangehaald, maar het bovengenoemde voorbeeld vond ik ronduit schokkend. Deze man had een bijstandsuitkering en in zijn kerk vroeg men hem of hij zou willen meehelpen tijdens de zondagse diensten. Ze hadden iemand nodig die de camera wilde bedienen tijdens de kerkdiensten. Natuurlijk wilde hij dat. Kerken, stichtingen en verenigingen draaien immers voor het grootste deel dankzij de onmisbare hulp van vrijwilligers. In het geval van deze meneer 'ontdekte' de sociale dienst dat hij op zondagen achter de camera stond. Het gevolg? De uitkering werd per direct ingetrokken en de man had direct het label 'fraudeur' te pakken. Meer dan € 50.000 aan 'onterecht ontvangen uitkering' werd succesvol teruggevorderd. De bestuursrechters gingen hier, inmiddels weinig verbazend meer, blindelings in mee. Omdat het bedrag de 50K oversteeg werd het daarmee ook een strafrechtelijke zaak. In deze zaak eiste de Officier van Justitie zes maanden celstraf voor deze 'misdadiger'. Hij vond dat hij nog mild was, want hij had wettelijk gezien wel twaalf maanden celstraf kunnen eisen. De rechter veroordeelde de man uiteindelijk tot een taakstraf van 240 uur, waarvan 140 uur voorwaardelijk. Je ziet ze al bijna zitten met dat vingertje van ze. Foei. Mag niet, he. De man was hiermee beroofd van inkomsten, had hiermee een strafblad te pakken, moet bij toekomstige werkgevers nu zeggen dat hij een veroordeelde crimineel is enz. En waarom? Omdat hij zo goed was om de helpende hand uit te steken in zijn kerk. Hoe is dat geen participatie? Ik heb er werkelijk geen woorden meer voor. Het artikel beschrijft tevens nog een aantal andere gevallen en eindigt met het volgende accurate statement:

'Mensen met een uitkering worden behandeld als fraudeurs die een taakstraf verdienen, als scholieren die verzuimbriefjes moeten halen, als zwakbegaafden die hun afspraken niet nakomen. De verhalen van machtsmisbruik, dwang en vernedering in de bijstand zijn allang geen uitwassen van het systeem meer. Ze zijn het systeem.'

Een ander verhaal wat ik tegenkwam was van een man in Rotterdam, die volgens de sociale dienst niet aan de inlichtingenplicht had voldaan. De man had de gemeente niet voorzien van de nodige stukken. De man gaf echter aan dit wel gedaan te hebben. Hij was juist persoonlijk naar het kantoor gekomen om alle gevraagde stukken daar in te leveren. Daar werden de stukken in ontvangst genomen en ontving de man een ontvangstbewijs, op briefpapier, voorzien van een stempel en handtekening. Ter zitting trok de sociale dienst de echtheid van dit ontvangstformulier in twijfel. En de bestuursrechter? Je raad het al, die ging natuurlijk mee in het oordeel van de gemeente. Het formulier ging van tafel en de man was schuldig aan schending inlichtingenplicht, waarmee hij gelabeld werd als fraudeur.

Na een aantal van mijn oproepen kwam ik o.a. in contact met iemand die in een soortgelijke situatie zit. Enige tijd geleden heeft die persoon een stichting opgericht met een maatschappelijk doel. Maar die persoon in kwestie kwam ook in de bijstand terecht. Gelukkig was deze alert en informeerde eerst goed over hoe de sociale dienst hiermee omging. Dat verschilt namelijk in iedere gemeente, dus er is geen peil op te trekken. In dit geval werd hier ook eerlijk op geantwoord, hoewel het antwoord dan wel weer schokkend was. De betreffende stichting kwam in aanmerking voor subsidie, maar als de stichting overheidssubsidie zou ontvangen, dan zou dit bedrag direct weer in mindering worden gebracht op de uitkering. Als de stichting andere vormen van inkomen zou ontvangen, dan zou dit in mindering worden gebracht op de uitkering. Al het inkomen van de stichting zou als persoonlijk inkomen worden beschouwd, waar deze persoon vrijelijk over zou kunnen beschikken. Alleen maar omdat de persoon in kwestie bestuurslid was en dus toegang had tot de bankrekening van de stichting.

Voor wie het nog niet weet, een stichting kent dus geen eigenaren en geen begunstigden. Bestuursleden zijn dan ook alleen maar beheerders en mogen van de wet geen inkomen vanuit de stichting halen of bedragen voor privédoeleinden opnemen. Dat is uitgesloten. Doe je dat wel, dan ben je dus strafbaar conform de strafwet en dan ben je dus wel echt een fraudeur. In dit geval zou dat betekenen dat er geld in mindering zou worden gebracht op de bijstandsuitkering en dat de sociale dienst verlangde dat het in mindering gebrachte bedrag van de rekening van de stichting zou worden opgenomen voor levensonderhoud, waarmee de persoon in kwestie zich dan schuldig zou maken aan een strafbaar feit. En ja, ik heb zaken gezien waarin bestuursrechters gewoon weer meebewegen in deze denkwijze van sociale diensten. Het is niet te geloven dat sociale diensten je in situaties manoeuvreren waarmee men je aanzet tot het plegen van een misdrijf. Dat gedrag is overheid onwaardig. In dit specifieke geval had deze persoon het 'geluk' dit net op tijd in te zien, waardoor deze tijdig kon terugtreden als bestuurslid. Een schoonheidsprijs verdient het echter niet.

En dan zijn er nog de vele voorbeelden van mensen die in de bijstand terecht komen en nog een inschrijving hebben bij de Kamer van

Koophandel, anders dan een kerkgenootschap, stichting of vereniging. Vanzelfsprekend kan ik er alle begrip voor opbrengen dat dit gemeld moet worden, maar het gaat mij met name om de wijze waarop hiermee wordt omgegaan. In sommige gemeentes krijg je helemaal geen reactie, om vervolgens veel later pas te horen te krijgen dat je geen recht hebt op een uitkering vanwege die inschrijving. Of erger nog, je krijgt de uitkering toegewezen, maar na een jaar of langer wordt de uitkering opeens met terugwerkende kracht teruggevorderd, omdat men stelt 'ontdekt' te hebben dat er sprake is van een inschrijving bij de Kamer van Koophandel. Inmiddels weten we al wel wat het betekend wanneer een gemeente stelt iets 'ontdekt' te hebben. Zoals men bij de FNV inmiddels ook al vele malen heeft gehoord, 'verdwijnt' er verdacht veel communicatie bij gemeentes, waarvan men vervolgens stelt deze nooit ontvangen te hebben. Er verdwijnt zelfs zoveel, dat ik het nauwelijks meer geloof dat dit per ongeluk gebeurd. Ook op dit punt is er niets nieuws onder de zon. Let wel, het overgrote deel van deze mensen worden gewoon schuldig bevonden door de bestuursrechter.

Met een ander deel van deze KvK groep gaan sommige gemeentes dan wel in gesprek. Zij krijgen de gebruikelijke meldingsplicht en moeten natuurlijk de inkomsten van hun onderneming maandelijks opgeven. Deze inkomsten worden dan, volkomen terecht, in mindering gebracht op de uitkering. Wat daar dan weer regelmatig voorkomt is dat niet de winst van de onderneming in mindering wordt gebracht, maar de volledige maandomzet. Doe dat een paar maanden achter elkaar en er is niets meer van de onderneming over en mensen zijn volledig overgeleverd aan en afhankelijk van de bijstand voor hun inkomen. Veel gemeentes stellen immers dat je dan maar gebruik moet maken van de BBZ regeling, het Besluit Bijstandverlening Zelfstandigen. Die regeling voorziet echter niet in alle gevallen, waardoor er geen maatwerk geleverd kan worden. De wijze waarop hier vaak mee om wordt gegaan bevreemd mij dan ook zeer, maar toch ook weer niet. Natuurlijk kun je als werkende belastingbetalende burger stellen dat je van de last van bijstandsgerechtigden af wil, maar zou men niet juist ieder initiatief om weer aan inkomen te geraken toe moeten juichen? In dit soort gevallen zou maatwerk zeer wenselijk zijn. Wanneer blijkt dat iemand structureel in ieder geval ten dele in eigen inkomen kan voorzien, kan er breder gekeken worden naar oplossingen. En wat als blijkt dat het zelfs zo kan uitgroeien dat er op termijn helemaal geen gebruik meer hoeft te worden gemaakt van de bijstand? Moeten we dat niet juist toejuichen en aanmoedigen? Of staat het de gesubsidieerde gemeentetrajecten of de bonussen van ambtenaren in de weg? Wie het weet mag het zeggen.

Eind 2020 verscheen er opeens het verhaal van een mevrouw uit de Gemeente Wijdemeren in de media. De vrouw had een bijstandsuitkering en had al geruime tijd zo nu en dan boodschappen van haar moeder ontvangen. Bij de gemeenteambtenaren verging de wereld. Slapeloze nachten hadden ze ervan. Daar was de bijstand niet voor bedoelt, hielden ze zichzelf snikkend voor. Met harde hand werd er ingegrepen. En hoe. Per direct werd deze 'fraudeur' flink onder de loep gelegd. Deze mevrouw werd gesommeerd naar het gemeentehuis, voor een handhavingsgesprek. Voor de aanvang van het gesprek kreeg zij een papier toegeschoven wat zij terstond diende te ondertekenen. Dit formulier stelde dat zij op de hoogte was van het feit dat er een onderzoek zou worden gestart naar de rechtmatigheid van haar uitkering, dat zij haar medewerking zal verlenen en dat zij het gehele gesprek, ongeacht welke omstandigheid, verplicht aanwezig zou blijven. Geen medewerking? Einde uitkering. Opstaan tijdens het gesprek? Einde uitkering. In die positie had zij dus geen enkele keuze. In de positie waarin zij verkeerde was zij voor haar inkomen volledig afhankelijk van de bijstand. Het einde van haar uitkering kon zij zich niet veroorloven, dus zij moest wel meewerken. Vervolgens moest zij verplicht uit haar hoofd opdreunen wat ze in haar koelkast had liggen. Direct daarna stelde de ambtenaar dat deze direct mee wilde gaan naar haar woning om een huiszoeking te doen, om daarmee te verifiëren dat mevrouw de waarheid had verteld. Niet meewerken? Einde uitkering. In haar huis werden alle kastjes opengetrokken, de koelkast werd geïnspecteerd enz. Hoe vernederend is dat? Zelfs nadat dit de media had gehaald bleef de gemeente stug bij haar besluit. De bestuursrechter (ja ja, daar is ie weer) had de gemeente immers in het gelijk gesteld. Daarmee was hun handelen wel rechtmatig, ook al was het niet rechtvaardig. Het dagblad Trouw stelde heel terecht: "Het fraudebeleid lijkt in Nederland een veelkoppig monster geworden. Niemand bestrijdt dat misbruik met uitkeringen moet worden aanpakt. Maar het gaat dan wel om maatvoering en mensen in hun waarde laten."

Het handelen van de Gemeente Wijdemeren staat echter niet op zichzelf. Ook uit het noorden van het land doken soortgelijke verhalen op. In Heereveen was er een vrouw die regelmatig boodschappen deed voor haar ouders. Dat deed zij al jaren zo. Het bedrag van de boodschappen kreeg zij gewoon weer netjes terugbetaald door haar ouders, want ook die wisten natuurlijk dat zij het niet breed had in de bijstand en bovendien in een schuldhulptraject zat. Dat betekend dus dat er maandelijks ook nog een bedrag van haar uitkering afging en er dus een zeer gering bedrag overbleef om van te 'leven'. Maar wat gebeurde er? De gemeente zag de terugbetaalde bedragen en ja, dat is natuurlijk fraude. Want niet opgegeven. Een terugvordering van 9000 euro volgde. De moeder van deze vrouw deed haar verhaal in de media en zei: "We vinden het schandalig en we hebben het hele verhaal erachter ook verteld. Ik was altijd vol vertrouwen: we kunnen het wel uitleggen, ze snappen het wel. Maar het was net alsof we tegen een muur praatten. Je staat machteloos." Dat gevoel van machteloosheid is een zeer bekend gevoel. Bij deze vrouw, bij de vrouw uit Wijdemeren, maar zeker ook bij ons, ook al is onze situatie anders. Bestuursrechters gaan immers overal klakkeloos in mee, dus je trekt altijd aan het kortste eind. Inmiddels zijn er in diverse gemeentes politieke vragen gesteld, waaruit blijkt dat dit beleid in veel gemeentes de norm is. In het Brabants Dagblad bleek dat o.a. ook bij de Gemeente Waalwijk en Uden het geval te zijn.

Op 10 januari 2021 verschijnt er in de Volkskrant een artikel met de titel 'De schandalige bijstandsaffaire komt eraan'. "De participatiewet is geënt op wantrouwen en op het achterhouden van informatie, zodat mensen hun rechten niet kennen, betoogt Trudie Knijn." Knijn is emeritus hoogleraar sociale wetenschappen. Samen met Thomas Kampen, Melissa Sebrechts en Evelien Tonkens publiceerde zij de bundel 'Streng maar Onrechtvaardig', welke in boekvorm verkrijgbaar is. Wat was ik blij met deze publicatie en de moed die deze mensen nemen om dit onderwerp aan de kaak te stellen. Ook Knijn stelt dat dit geen incidenten zijn, maar staande praktijk. De terugvordering is zelfs een vereiste volgens de Participatiewet die de bijstand reguleert. Het gebeurt overal in het land. In haar stuk in de Volkskrant schrijft zij: "Op basis van eigen onderzoek en studies van vele wetenschappers die de afgelopen jaren de effecten van de Participatiewet onderzochten, concludeerden we dat de bijstand onder deze wet onrechtvaardig en bovenmatig streng is. De beslissing van de gemeente is een logisch gevolg van de Participatiewet die gebaseerd is op wantrouwen, op het zoveel mogelijk beperken van degenen die al niets hebben, op het principe 'voor wat hoort wat' zodat mensen gedwongen worden zinloze activiteiten te verrichten en waardeloze trainingen te volgen in ruil voor hun uitkering, op het achterhouden van informatie zodat mensen hun rechten niet kennen." Verder stelt zij dat de bestuursrechters ook niet vrijuit gaan. Evenals bij de toeslagenaffaire kijken de bestuursrechters niet naar redelijkheid en billijkheid, maar naar de letter der wet, het kindje van de PvdA-bewindslieden Lodewijk Asscher en Jetta Klijnsma. Ik ben heel erg benieuwd waar de bevindingen van deze onderzoekers toe zullen leiden en of het überhaupt opgepakt zal gaan worden. De bijstandsgerechtigden zijn tenslotte de last van de maatschappij, dus de vraag is hoeveel mensen de moeite zullen nemen om juist voor die groep in de bres te gaan staan.

In vrijwel alle situaties lijkt er in ieder één opvallende overeenkomst te zijn. Sociale diensten zoeken alleen maar naar belastend bewijs. Is dat er niet? Dan volgt hun vrije interpretatie van wat zij bewijs noemen en met veel gebral om weten te buigen tot belastend bewijs. Is er sprake van ontlastend bewijs? Dan is daar een simpel trucje voor. Dat kun je namelijk in twijfel trekken wanneer je voor de rechter staat. Vervolgens is het aan de andere partij om te gaan bewijzen dat het ontlastend bewijs juist is. Zoals je je wellicht nog herinnert is er sowieso al sprake van een omgekeerde bewijslast, waardoor alle last bij de burger komt te liggen en vrijwel niets bij de overheid. Gebukt onder deze zware last mag die burger dan ook nog eens de echtheid van de met veel moeite verzamelde bewijzen gaan bewijzen. En de bestuursrechters? Ach, dat is inmiddels wel duidelijk hoe onbevangen die erin staan. Helaas blijft het niet bij dit alles. In januari 2021 berichtte de media over de dreigende tekorten die gaan ontstaan bij gemeentes door het hele land. Zo zien we bijvoorbeeld een bericht voorbij komen over zeer structurele tekorten van miljoenen euro's bij de Gemeente Stadskanaal. Maar ook andere gemeentes in het noorden kampen met tekorten. Het gevolg? Het beleid wordt nog grimmiger dan het al was. De eerste groep die de zwaarste klappen te voorduren krijgen zijn de zwaksten van de samenleving. "Tot nu toe zijn we niet strenger aan de poort geweest. Nu de tekorten steeds verder oplopen en onze financiële positie slechter wordt, ontkomen we daar waarschijnlijk niet meer aan", zegt een ambtenaar. Dat zullen dus nog hele fijne taferelen gaan worden wanneer mensen in dit jaar en de komende jaren een beroep moeten doen op de bijstand. Als het nu al zo gaat zoals het in de afgelopen jaren is gegaan, hoeveel erger moet het dan nog worden voordat er van bovenaf mensen op de rem gaan trappen? Hoeveel levens moeten er nog verwoest worden voordat de politiek echt gaat ingrijpen? Wanneer we deze manier van handelen toestaan – en dat doen we nu dus al met z'n allen – dan verliezen wij het recht om ons nog langer een beschaving te mogen noemen. Dit is Nederland anno nu.

HOOFDSTUK 16

MENSENRECHTEN

Halverwege de vorige eeuw vond één van de meest duistere hoofdstukken uit het bestaan van de mensheid plaats. Na jaren van voorbereiding en een mislukte coup, rees Adolf Hitler dan uiteindelijk toch naar de top. Wat volgde hadden maar weinigen voor mogelijk gehouden. Uiteindelijk werd de Tweede Wereldoorlog een feit, een oorlog waarin met name Joden, maar ook homoseksuelen, zigeuners, gehandicapten, geesteszieken en politieke tegenstanders systematisch werden uitgeroeid. Het bleek ook de periode te zijn waarin het aantal Nederlandse inwoners met de familienaam Prijs met meer dan de helft zou afnemen. Na afloop van deze verschrikkelijke periode waren het met name Joodse organisaties die het initiatief namen om tot een Universele Verklaring van de Rechten van de Mens te komen. Dit initiatief vond bijval en al spoedig sloten zich meerdere partijen aan vanuit de hele wereld. Gezamenlijk werd de verklaring opgesteld, hoewel er vanuit Nederland geen noemenswaardige inbreng kwam. De redactiecommissie deed een uitnodiging uitgaan naar vertegenwoordigers van alle stromingen, religies en ideologieën, en verwerkte honderden reacties. Op 10 december 1948 is de UVRM aangenomen door de Algemene Vergadering van de Verenigde Naties (A/RES/217) om de Rechten van de mens (basisrechten/grondrechten) te omschrijven. In Europe zijn de rechten van de mens en de fundamentele vrijheden gewaarborgd in het Europees Verdrag voor de Rechten van de Mens (EVRM). Althans, dat zou het geval moeten zijn.

Op papier ziet het er zo goed uit, maar iets meer dan 75 jaar na de Tweede Wereldoorlog is het met name de Nederlandse overheid die stelselmatig de mensenrechten terzijde schuift. En dan heb ik alleen nog maar gekeken naar vervolging van mensen met een bijstandsuitkering, onder het bestuursrecht. Het gemene is echter dat naar buiten toe de illusie in stand wordt gelaten dat burgers een beroep kunnen doen op de EVRM, terwijl met name gemeentes en bestuursrechters dit nauwelijks tot niet in acht nemen en gewoon hun eigen gang gaan. Derhalve is het bestuursrecht dan ook de ideale manier om alle grondwettelijke rechten van burgers te omzeilen, aangezien bestuursrechters in de praktijk vrijwel nooit rekening houden met de rechten van burgers, en dan met name met de grondrechten en de mensenrechten. Wanneer overheden eenmaal langzaam beginnen te tornen aan dergelijke fundamentele rechten, dan is dat de eerste hele grote rode vlag dat we als land een bepaalde koers zijn ingeslagen. De vraag is of we dat moeten willen. Maar hoe ziet dit er in de praktijk uit?

Een procedure conform het strafrecht
Laten we eerst kijken naar een gesimplificeerde weergave van het strafrecht in Nederland. Ook daar gaat het nodige fout, maar in deze beperk ik mij voor nu tot hoe het normaliter gaat. De politie mag een persoon op verdenking van het plegen van een strafbaar feit aanhouden en verhoren op het politiebureau. Een verdenking kan volgen uit het waarnemen van strafbaar gedrag, verklaringen van getuigen, sporen bij misdrijven, anonieme tips of op basis van het ervaringsoordeel van een politieagent. Bij een aanhouding heb je echter onder andere het recht om te weten van welk strafbaar feit je wordt verdacht. Daarnaast heb je het recht om te zwijgen. Het zwijgrecht maakt deel uit van het beginsel van 'nemo tenetur prodere se ipsum' (letterlijk: "niemand is gehouden tegen zichzelf bewijs te leveren).

Allereerst zullen de eerste bevindingen worden voorgelegd aan de officier van justitie. Die bepaald vervolgens of er tot strafrechtelijke vervolging wordt overgegaan. Wanneer dat het geval is dan wordt er een uitgebreid onderzoek gestart. De bewijslast rust namelijk ten volle bij de overheid. Aan hen is het om een zaak dusdanig voor te bereiden, dat het strafbaar feit onomstootbaar bewezen kan worden. Daarnaast is er de rechter-commissaris. De rechter-commissaris (rc) is een rechter die toezicht houdt op de voortgang en rechtmatigheid van het opsporingsonderzoek dat onder leiding staat van de officier van justitie. Wanneer het onderzoek is afgerond, dan komt de zaak voor bij de rechter. Daar zal de officier van justitie de zaak moeten presenteren en op een dusdanige wijze moeten bewijzen, dat het onomstotelijk vast komt te staan. Op basis hiervan doet de rechter een uitspraak. Tegen die uitspraak kun je dan eventueel nog in beroep gaan.

Samengevat werken politie, recherche, de officier van justitie, de rechter-commissaris en de strafrechter dus allen aan een zaak, alvorens het tot een veroordeling komt. En dan nu, in het kader van zoek de verschillen, de handelswijze bij sociale diensten, onder het gedrocht bestuursrecht.

Een procedure conform het bestuursrecht
Een sociale dienst mag een persoon op verdenking van het plegen van een strafbaar feit sommeren voor verhoor op hun kantoor. Vanaf dat moment wordt de burger reeds als schuldig beschouwd en is zijn onschuld nagenoeg uitgesloten. Een verdenking kan volgen uit het waarnemen van strafbaar gedrag, verklaringen van getuigen, anonieme tips of op basis van een onderbuikgevoel van een gemeenteambtenaar. Bij een dergelijk verhoor krijg je niet of nauwelijks te horen van welk strafbaar feit je wordt verdacht. Men wil 'verdachten' zo veel mogelijk in het duister laten tasten. In sommige gevallen weet men het zelf ook nog niet eens. Het zwijgrecht bestaat niet onder het bestuursrecht. Je bent dan ook gehouden om tegen jezelf bewijs te leveren. Op basis van deze verhoren worden verklaringen opgesteld door gemeenteambtenaren. Die verklaring ben je verplicht te ondertekenen. Natuurlijk kun je dit alles wel weigeren, maar dat resulteert direct in de beëindiging en terugvordering van alle bijstandsuitkering die je in het verleden hebt ontvangen. Voor de meeste mensen betekend dit dus het einde van hun inkomen en dreigende dakloosheid. Een zeer zware sanctie waar vrijwel iedereen zo bang voor is dat men maar gewoon 'meewerkt'.

Op basis van de eerste bevindingen wordt er exclusief gekeken naar wat eventueel als belastend bewijs zou kunnen worden gebruikt, of eventueel omgebogen kan worden tot zodanig. Op basis daarvan volgt reeds een tenlastelegging. Die tenlastelegging hoeft een sociale dienst nauwelijks te onderbouwen. De bewijslast komt volledig bij de burger te liggen en de ambtenaar kan achterover leunen. Aan de burger is het om binnen enkele weken de zaak tegen hem dusdanig voor te bereiden, dat zijn onschuld onomstootbaar bewezen kan worden. Verder toezicht op de voortgang en rechtmatigheid van het opsporingsonderzoek is er niet. Er bestaat niet zoiets als een kwaliteitsstandaard voor onderzoeken. Gemeenteambtenaren hebben het namelijk altijd bij het rechte eind, wat toezicht en controle overbodig maakt. Lukt het de burger niet om binnen enkele weken zijn onschuld aan te tonen? Dan is de burger schuldig bevonden. De ambtenaar veroordeeld de burger, in een brief die is opgesteld namens het college, en het oordeel is een feit. De zaak wordt dan overgedragen aan de afdeling bezwaar. De burger kan tegen het oordeel in bezwaar gaan, maar komt vervolgens tegenover de medewerkers van de afdeling bezwaar te zitten. Daar wordt de burger voor de vorm gehoord en vervolgens in het ongelijk gesteld. Het oordeel staat nu vast. Op dit punt is er nog geen rechter aan te pas gekomen. Het is werkelijk de slager die zijn eigen vlees keurt en het ontbreekt volledig aan iedere vorm van extern toezicht. Wanneer de burger hiertegen in beroep wil gaan, dan komt de zaak pas voor het eerst voor de rechter. Let wel, nog voordat de burger een voet in de rechtbank zet is deze al schuldig bevonden en veroordeeld. Let vooral ook even op de rollenverdeling. De burger is in die zaak namelijk de eiser en de sociale dienst 'verweerder'. Die sociale dienst wordt ter zitting weer vertegenwoordigd door de 'onbevangen en objectieve' afdeling bezwaar. Het duurt gemiddeld een jaar voordat de bodemzitting ingepland word. Mocht deze nadelig uitvallen, dan duurt het wederom gemiddeld een jaar voordat deze voorkomt bij de Centrale Raad van Beroep. In die periode verliest de burger dus alles, want niemand kan zolang zonder inkomen blijven zitten, zonder dat dit zeer ernstige vergaande gevolgen heeft.

Samengevat werken de sociale dienst, de afdeling handhaving en de afdeling bezwaar van één en dezelfde gemeente dus allen collegiaal en eensgezind aan een zaak, waarbij het vrijwel altijd tot een veroordeling komt, zonder tussenkomst van een rechter. Het heeft er alle schijn van dat wanneer een zaak eenmaal voorkomt bij de bestuursrechter, je als burger maar zo'n 20% kans van slagen hebt, aangezien het bestuursrecht soms voor de vorm een burger in het gelijk stelt.

Maar in hoeverre ligt deze wijze van handelen in lijn met de wet, en dan met name op het gebied van de mensenrechten? Laten we om te beginnen artikel 6 van de EVRM eens nader bekijken.

Artikel 6: Recht op een eerlijk proces
6.1 **Bij het vaststellen van zijn burgerlijke rechten en verplichtingen of bij het bepalen van de gegrondheid van een tegen hem ingestelde**

vervolging heeft een ieder recht op een eerlijke en openbare behandeling van zijn zaak, binnen een redelijke termijn, door een onafhankelijk en onpartijdig gerecht dat bij de wet is ingesteld.

6.2 Een ieder tegen wie een vervolging is ingesteld, wordt voor onschuldig gehouden totdat zijn schuld in rechte is komen vast te staan.

6.3b Een ieder tegen wie een vervolging is ingesteld, heeft in het bijzonder de volgende rechten: te beschikken over de tijd en faciliteiten die nodig zijn voor de voorbereiding van zijn verdediging.

Dit is het artikel in de EVRM wat in Nederland, onder het bestuursrecht, het meeste wordt overtreden. Dit vind plaats op basis van de Algemene Wet Bestuursrecht (AWB), de Participatiewet (PW) en de Wet aanscherping handhaving en sanctiebeleid SZW-wetgeving (Fraudewet).

Wanneer we kijken naar artikel 6.1, dan kunnen we reeds vaststellen dat van een eerlijke behandeling al geen sprake is. Ontlastend bewijs wordt immers niet tot nauwelijks meegewogen. De termijnen zijn ook verre van redelijk. Binnen zeer korte tijd dient de burger zijn onschuld aan te tonen en als dat niet binnen een paar weken lukt, dan is de burger schuldig. Al het bewijs wat na de zogenoemde hersteltermijn wordt aangeleverd wordt niet geaccepteerd. De burger heeft dan immers al teveel tijd gekregen om alles 'achteraf kloppend' te maken. Ja, die term wordt ook echt aangehaald. Bij ambtenaren is er dan geen enige twijfel meer: ze hebben er weer één te pakken. De gemeente oordeelt dat de burger schuldig is en veroordeeld de burger door het opleggen van een sanctie. Die sanctie bestaat uit het terugvorderen van alle uitbetaalde uitkering over de voorgaande jaren, plus een boete. De burger moet vervolgens zeker een jaar wachten voordat de bodemzitting voorkomt en de zaak uitgebreid in de rechtbank behandeld kan worden, met alle desastreuze gevolgen van dien. Het meest schokkende is echter het feit dat van een onafhankelijk en onpartijdig gerecht geen sprake is. De gemeente is immers zelf (op lokaal niveau) wetgever, toezichthouder, rechercheur, rechter en stelt bovendien de benadeelde partij te zijn. En dat ook nog zonder extern toezicht en/of kwaliteitscontrole. Vertel mij maar hoe dat onafhankelijk en/of onpartijdig is. Zelfs wanneer de burger uiteindelijk in het gelijk zou worden gesteld, ruim een jaar later, dan is de schade al nauwelijks meer te overzien.

Artikel 6.2 is een wet die door gemeentes lachend word weggewoven. Wanneer een ambtenaar stelt dat iemand schuldig is, wie kan daar dan nog aan twijfelen? Alles is geoorloofd in de jacht op fraudeurs. Ook dat burgers reeds op voorhand schuldig worden bevonden. De omgekeerde bewijslast? Volkomen logisch, toch? Keer op keer zie je hoe ambtenaren zichzelf een zeer arrogante, hooghartige en superieure houding toemeten. Zij zijn immers het gezag. Zij zijn het ivoren torentje. Zij hebben immers de ambtenaren eed afgelegd. Maar in dit proces overtreden zij bij vrijwel alle zaken artikel 6.2 van de EVRM, met medewerking en goedkeuren van de bestuursrechter. Want fraudeur. Want bestuursrecht.

Persoonlijk vind ik ook artikel 6.3b interessant, want hoe zou dit er dan in de praktijk uit moeten zien? De tijd die je onder het bestuursrecht wordt gegeven is slechts enkele weken. En faciliteiten die nodig zijn voor de voorbereiding van verdediging? Interessant. In mijn persoonlijke casus stelde men dat de aangeleverde administratie van de stichting niet werd geaccepteerd, aangezien deze aangeleverd had moeten worden op briefpapier van een accountant. De drie bestuursrechters van de meervoudige kamer gingen mee in die denkwijze en oordeelde overeenkomstig. Deze denkwijze en het oordeel van de meervoudige kamer staan echter haaks op de wet. Er is namelijk geen wet die deze verplichting oplegt. Een ieder mag zelf bepalen of men zelf de administratie doet of dit uitbesteed aan een boekhouder of accountant. Die vrijheid bied het Nederlands recht. Voor de goede orde, het betrof in deze de administratie over de jaren 2014, 2015, 2016 en 2017. Aan de eis om de administratie over die jaren door een accountant te laten uitvoeren zou dus een prijskaartje van enkele duizenden euro's hangen. Accountants werken immers niet gratis. Over dat budget hadden noch wij noch de stichting de beschikking. We zaten niet voor niets in de bijstand. Aangezien men dit zo belangrijk achtte, verzochten wij om budget, eventueel door middel van bijzondere bijstand, zodat we de administratie konden overdragen aan een accountantskantoor en door hen konden laten toetsen. Dat zou dit issue oplossen en dan zouden we op basis van die uitkomst met elkaar in gesprek kunnen gaan. Dit verzoek werd echter afgewezen, aangezien men stelde dat dit alles voor eigen rekening en risico was. Ook de bestuursrechters gingen hierin mee.

Artikel 7. Geen straf zonder wet
7.1 **Niemand mag worden veroordeeld wegens een handelen of nalaten, dat geen strafbaar feit naar nationaal of internationaal recht uitmaakte ten tijde dat het handelen of nalaten geschiedde. Evenmin mag een zwaardere straf worden opgelegd dan die, die ten tijde van het begaan van het strafbare feit van toepassing was.**

Gemeentes en sociale diensten houden heel bewust de regelgeving zeer vaag. Dat is al een grote rode vlag, maar daarnaast worden mensen overtredingen toegerekend die helemaal niet wettelijk toegerekend kunnen worden. Neem bijvoorbeeld het hebben van een bedrijf, terwijl je gebruik maakt van de bijstand. Goed, er is een inlichtingenplicht, dus daar dien je aan te voldoen. Maar de wet voorziet nergens in een verbod of in beperkingen op dit gebied. Niet in de Participatiewet, niet in de Algemene Wet Bestuursrecht en niet in de Fraudewet. Hetzelfde geldt voor het zitting hebben in het bestuur van een stichting, vereniging of geloofsgenootschap.

En wat dacht je van de term 'op geld waardeerbare arbeid'? Die term is zo vreselijk breed inzetbaar dat alles daaronder kan vallen, inclusief het gebruik maken van grondwettelijke vrijheden. Denk bijvoorbeeld aan de vrijheid van vereniging, de vrijheid om te mogen sporten, de vrijheid om voor te mogen gaan in een geloofsbijeenkomst enz. Het zijn allemaal activiteiten die voor het overgrote deel op vrijwillige basis plaatsvinden, maar waar sommige mensen wel geld mee verdienen en derhalve wordt het als op geld waardeerbaar gelabeld. Daarbij stelt men dat het niet uitmaakt of er wel of geen geld mee wordt verdiend. Er zou geld verdiend mee kunnen worden. Gekker moet het niet worden. Het zijn allemaal tenlasteleggingen die nergens aan de wet kunnen worden gestaafd, waardoor er gehandhaafd wordt op ongeschreven regels. Dat is in strijd met de mensenrechten.

Hoe dit in de praktijk werkt is dat gemeentes 'pilot cases' creëren, voor zover de wet volgens hen nog niet voldoende voorziet. Met andere woorden, ze kijken of ze er mee weg kunnen komen in de rechtbank. Als dat het geval blijkt, dan is er jurisprudentie ontstaan en wordt dat de norm. Uiteraard een norm die niet gecommuniceerd wordt en expres vaag wordt gehouden. Op deze manier hebben gemeentes en sociale diensten reeds jarenlang beetje bij beetje steeds meer vrijheden van burgers afgeroofd, want het heeft er alle schijn van dat bestuursrechters over het algemeen niet meer dan een groep jaknikkers zijn, die gemeentes vrijwel altijd gelijk geven. Vandaar dat je veel niet zult tegenkomen in de wet, maar er, in strijd met de mensenrechten, wel voor veroordeeld kunt worden.

Artikel 9. Vrijheid van gedachte, geweten en godsdienst

9.1 Een ieder heeft recht op vrijheid van gedachte, geweten en godsdienst; dit recht omvat tevens de vrijheid om van godsdienst of overtuiging te veranderen, alsmede de vrijheid hetzij alleen, hetzij met anderen, zowel in het openbaar als privé zijn godsdienst te belijden of overtuiging tot uitdrukking te brengen in erediensten, in onderricht, in practische toepassing ervan en in het onderhouden van geboden en voorschriften.

9.2 De vrijheid zijn godsdienst te belijden of overtuiging tot uiting te brengen kan aan geen andere beperkingen worden onderworpen dan die die bij de wet zijn voorzien en in een democratische samenleving noodzakelijk zijn in het belang van de openbare veiligheid, voor de bescherming van de openbare orde, gezondheid of goede zeden of voor de bescherming van de rechten en vrijheden van anderen.

Artikel 10. Vrijheid van meningsuiting

10.1 Een ieder heeft recht op vrijheid van meningsuiting. Dit recht omvat de vrijheid een mening te koesteren en de vrijheid om inlichtingen of denkbeelden te ontvangen of te verstrekken, zonder inmenging van enig openbaar gezag en ongeacht grenzen.

Artikel 11. Vrijheid van vergadering en vereniging

11.1 Een ieder heeft recht op vrijheid van vreedzame vergadering en op vrijheid van vereniging, met inbegrip van het recht met anderen vakverenigingen op te richten en zich bij vakverenigingen aan te sluiten voor de bescherming van zijn belangen.

Wanneer we kijken naar de persoonlijke casus van ons alleen al, wat dus overduidelijk geen op zichzelf staande casus is, dan is het al vrij snel duidelijk dat ook aan deze vrijheid getornd wordt. Interessant is het te zien op welke subtiele wijze dit wordt gedaan. Ik citeer hier even de letterlijke woorden uit het proces-verbaal van een zitting: "Wij bemoeien ons niet met de levensgrondslag of geloofsovertuiging. Wij belemmeren hen daar niet in. Eisers doen wel beroep op de bijstand en daar hoort nu eenmaal een inlichtingenplicht bij. De verrichte activiteiten blijven nog steeds op geld waardeerbare activiteiten of meneer Prijs daar nu wel of geen geld voor vraagt. Zo werkt het nu eenmaal niet." Even los van de inlichtingenplicht, waar door ons (aantoonbaar) aan is voldaan, zien we hier een behoorlijk paradoxale uitspraak. Enerzijds stelt men zich niet met onze geloofsovertuiging te bemoeien, maar anderzijds stelt men dat zodra wij daar uiting aan gaan geven, dat het als 'op geld waardeerbaar' wordt gekenmerkt. Dat betekend dus dat dit recht voor ons is ingetrokken, zolang wij afhankelijk zijn van de bijstand. Dat is dus ook van toepassing voor alle mogelijke activiteiten die sociale diensten labelen als 'op geld waardeerbaar'. Iets kan als op geld waardeerbaar worden gekenmerkt wanneer een ambtenaar daartoe beslist, niet omdat het ergens goed staat vastgelegd. Dit maakt dat er sprake is van willekeur en daar zou in een gezonde rechtstaat geen sprake van mogen zijn. Afgezien daarvan is het beperken van de vrijheid van godsdienst, meningsuiting en vergadering en vereniging, omdat mensen tijdelijk afhankelijk zijn van de bijstand, de doodsteek voor een beschaafde samenleving en rechtstaat.

Artikel 13. Recht op een daadwerkelijk rechtsmiddel
Een ieder wiens rechten en vrijheden die in dit Verdrag zijn vermeld, zijn geschonden, heeft recht op een daadwerkelijk rechtsmiddel voor een nationale instantie, ook indien deze schending is begaan door personen in de uitoefening van hun ambtelijke functie.

Ook dit artikel is bijzonder interessant, met name omdat ik meerdere pogingen heb ondernomen om te zien hoe dit er in de praktijk uit komt te zien. Zo heb ik geprobeerd om aangifte te doen bij de Politie. De dame die de telefoon beantwoorde gaf aan even te willen overleggen en kwam enkele minuten later terug aan de telefoon. De Politie weigerde om mijn aangiftes op te nemen. Het issue is voorgelegd aan de Gemeente Dordrecht, maar die zagen het uiteraard toch echt anders. Ook de bestuursrechters zagen het anders en schoven het snel terzijde. De zaak is voorgelegd aan de Nationale Ombudsman, maar zij weigerden actie te ondernemen omdat de zaak onder de rechter was en omdat ze boos waren dat er door mij audio-opnames van alle gesprekken waren gemaakt. De internationale organisatie Human Rights Watch gaf aan geen individuele zaken in behandeling te nemen en verwees door naar Amnesty International. Amnesty International gaf aan zich niet te richten op individuele gevallen zoals die van ons, zelfs niet wanneer deze vaker voorkomen. De kwestie zou niet voldoen aan één van de mensenrechtenkwesties waaraan Amnesty in Nederland werkt.

Tot slot is de kwestie voorgelegd aan het College voor de Rechten van de Mens. Zij gaven aan in te zien wat ik bedoelde, maar namen de zaak toch niet in behandeling. Het College heeft alleen de bevoegdheid om klachten te onderzoeken die vallen binnen het bereik van de gelijkebehandelingswetgeving. Deze wetgeving ziet niet toe op 'eenzijdig overheidshandelen'. Onder eenzijdig overheidshandelen vallen handelingen die behoren tot de typische taken van de overheid, zoals het verstrekken van uitkeringen en het beoordelen van beroep door de bestuursrechter. Men adviseerde mij het issue onder de aandacht te brengen bij de politiek. Dat lijkt mij inderdaad het beste advies, aangezien het verleden reeds meerdere malen heeft aangetoond dat het met name overheden zijn waar de burger tegen beschermd moet worden. Die bescherming ontbreekt nu in Nederland.

De vraag die bij mij blijft bestaan is welk rechtsmiddel er dan precies openstaat bij de schending van mensenrechten?

Artikel 14. Verbod van discriminatie
Het genot van de rechten en vrijheden die in dit Verdrag zijn vermeld, moet worden verzekerd zonder enig onderscheid op welke grond ook, zoals geslacht, ras, kleur, taal, godsdienst, politieke of andere mening,

nationale of maatschappelijke afkomst, het behoren tot een nationale minderheid, vermogen, geboorte of andere status.

Op dit gebied ben ik altijd zeer voorzichtig. Ik weet dat racisme en discriminatie nog steeds voorkomen, dus ook in Nederland. Helaas zijn er echter vele mensen geweest die deze termen te pas en te onpas zijn gaan roepen, waardoor het draagvlak aanzienlijk verminderd is en de woorden een deel aan waarde en gewicht hebben ingeleverd. Juist daarom vermijd ik deze woorden zoveel mogelijk, tenzij het niet anders meer kan. Laat ik daarom eerst beginnen met de definitie van discriminatie. Discriminatie is letterlijk "het maken van onderscheid". Het betekend dus dat je anders behandeld wordt op basis van bijvoorbeeld je afkomst, godsdienst, leeftijd of uiterlijk. Maar ook op basis van maatschappelijke klasse kan er gediscrimineerd worden. Mensen met een bijstandsuitkering behoren bijvoorbeeld tot de laagste maatschappelijke klasse en zijn daarmee een makkelijk doelwit.

Uit de praktijk is gebleken dat je overduidelijk meerdere rechten inlevert op het moment dat je afhankelijk wordt van de bijstand. Voor zover sociale diensten dit niet toegeven, laat hun handelen het wel zien. Iedereen is het erover eens dat er regels moeten zijn die misbruik tegengaan. Ook ik ben geen tegenstander van regels, orde en gezag. Maar het moet wel eerlijk gebeuren en dat is nu geenszins het geval. De ene persoon mag een bedrijf ingeschreven hebben staan, de andere niet. De ene persoon mag zitting hebben in een bestuur, de andere is om dezelfde reden opeens verdacht. Er is sprake van complete willekeur. Het is maar net wie je treft. Overeind blijft staan dat de mensrechten van mensen met een bijstandsuitkering stelselmatig worden geschonden en dat zij wel degelijk een heel ander soort behandeling krijgen dan mensen met een baan. Deze handelswijze staat haaks op het grondbeginsel dat alle mensen gelijkwaardig zijn en daarmee voldoet het aan de definitie van discriminatie.

HOOFDSTUK 17
OVERTREDING VAN DE WET

Klopt het allemaal wel wat hier gebeurd? Wanneer ik het bestuursrecht vergelijk met het strafrecht, dan zie ik enorme verschillen. Het heeft er zelfs alle schijn van dat het bestuursrecht alle andere wetten buiten werking stelt. Hoewel dit in geen enkele wet staat vastgelegd, lijkt het in de praktijk wel zo te gaan. Ben ik schuldig aan het zitting hebben in het bestuur van een stichting? Zeker. Ik ben ook niet bepaald de enige die zitting heeft in een bestuur en tegelijk een bijstandsuitkering ontving. Sterker nog, er is geen wet die dit verbied. Maar het gaat nog verder, want gemeentes en sociale diensten nemen het niet zo nauw met de wet. De wet is er immers om hen van dienst te zijn of om dusdanig verdraaid te worden dat deze hen ten dienst komt te staan. Koste wat het kost.

Verenigingen, stichtingen en kerkgenootschappen bezitten rechtspersoonlijkheid, zo blijkt uit artikel 2 en 3 van het Burgerlijk Wetboek 2. Artikel 5 stelt dat een rechtspersoon wat het vermogensrecht betreft, met een natuurlijk persoon gelijk staat, tenzij uit de wet het tegendeel voortvloeit. Dat betekend dat deze constructie de rechtspersoon een eigen bestaansrecht toekent, al ware het een persoon met eigen rechten en verplichtingen. Daarmee is er reeds een onderscheid gemaakt tussen de activiteiten en de financiën van de rechtspersoon (vereniging, stichting of kerkgenootschap) en haar bestuurders. Ook de rechtspersoon wordt geacht onder de bescherming van de grondwet te vallen, zoals bijvoorbeeld het gelijkheidsbeginsel, het recht op een eerlijk proces, het recht op privacy, de godsdienstvrijheid, de vrijheid van vereniging en voor de vrijheid van meningsuiting.

In de praktijk blijkt het nogal eens voor te komen dat sociale diensten alle inkomsten of een deel van de inkomsten van een vereniging, stichting of kerkgenootschap in mindering brengen op de uitkering van een bestuurder die afhankelijk is van de bijstand. In onze casus betreft het een stichting. Nogmaals, ik gebruik onze casus slechts als voorbeeld, maar dit is niet een op zichzelf staande casus. Het komt veelvuldig voor. De

Sociale Dienst Drechtsteden stelt dat de inkomsten der stichting zouden toekomen aan de bestuurders en niet aan het doel van de stichting. Zorgvuldig wordt hier omheen gepraat, maar uit hun daden bleek dat dit wel degelijk het uitgangspunt was. Zo werden alle inkomsten van de stichting als persoonlijk inkomen van mijn vrouw en mij aangemerkt. In ons geval was de uitkering reeds ingetrokken en teruggevorderd toen dit ter sprake kwam, maar als dat niet zo was geweest, dan waren de inkomsten van de stichting van onze uitkering ingehouden. De logica hierachter is dat wij die inkomsten dan maar uit de stichting zouden moeten halen, om daar zelf van te leven. Maar wat zegt de wet hierover?

Artikel 285 BW2
3. Het doel van de stichting mag niet inhouden het doen van uitkeringen aan oprichters of aan hen die deel uitmaken van haar organen noch ook aan anderen, tenzij wat deze laatsten betreft de uitkeringen een ideële of sociale strekking hebben.

Zeker van ambtenaren mag verwacht worden dat zij op de hoogte zijn van de Nederlandse wetgeving. Door deze handelswijze in te zetten en inkomsten van een stichting in mindering te brengen op een uitkering, zet men de van de bijstand afhankelijke bestuurder aan tot het plegen van een misdrijf. Daarmee maken de betrokken ambtenaren zich schuldig aan het overtreden van artikel 47 van het Wetboek van Strafrecht, namelijk het aanzetten tot een strafbaar feit. Uit verschillende hoeken heb ik inmiddels vernomen dat er diverse sociale diensten in Nederland zijn die deze handelswijze actief toepassen.

Bij de aanvang van onze zaak begon de handhaver in kwestie met een onderzoek naar de stichting, waarbij hij een onderzoek naar ons persoonlijk achterwege heeft gelaten. Als we het dan toch over rechtmatigheid hebben, dan was dit verzoek niet rechtmatig. De wet heeft de Gemeente Dordrecht noch de Sociale Dienst Drechtsteden het recht toegekend om een onderzoek te starten naar een rechtspersoon zonder banden met haar gemeente. Om die reden is medewerking aan dit verzoek in beginsel ook door ons geweigerd. Kijk maar even mee naar wat de wet daarover aangeeft.

Artikel 297 BW2
1. Het openbaar ministerie bij de rechtbank is, bij ernstige twijfel of de wet of de statuten te goeder trouw worden nageleefd, dan wel het bestuur naar behoren wordt gevoerd, bevoegd aan het bestuur inlichtingen te verzoeken.

2. Bij niet- of niet-behoorlijke voldoening aan het verzoek kan de voorzieningenrechter van de rechtbank, desverzocht, bevelen dat aan het openbaar ministerie de boeken, bescheiden en andere gegevensdragers van de stichting voor raadpleging beschikbaar worden gesteld en de waarden der stichting worden getoond. Tegen de beschikking van de voorzieningenrechter staat geen hoger beroep of cassatie open.

Artikel 297a BW2
1. Dit artikel is van toepassing op de stichting die:
a. bij of krachtens de wet verplicht is een financiële verantwoording op te stellen die gelijk of gelijkwaardig is aan een jaarrekening...

De wet heeft de Gemeente Dordrecht en haar sociale dienst het recht gegeven om een onderzoek uit te voeren naar ons persoonlijk, maar juist dat hebben ze nagelaten. In plaats daarvan heeft men haar onwettige pijlen op de stichting gericht. Een onderzoek naar de stichting mocht zij conform de wet echter niet uitvoeren. Alleen het openbaar ministerie is de daartoe bevoegde instantie, en dan ook nog alleen wanneer er sprake is van ernstige twijfel. Van dwang is pas sprake wanneer de voorzieningenrechter een bevel daartoe heeft gegeven. In ons geval is direct bij aanvang o.a. alle administratie en een financiële verantwoording van de stichting opgeëist. Een aanleiding was er niet, noch dat er sprake was van ernstige twijfel, noch van een gerechtelijk bevel. De aanleiding die men misbruikte was dat wij van alle activiteiten geen melding zouden hebben gemaakt en dat men had ontdekt waar wij mee bezig waren. Nu de echtheid van mijn e-mails echter vaststaat, zoals in de uitzending van De Monitor te zien was, blijft van de argument niets meer over. Het 'onderzoek' vond plaats in de categorie 'gewoon omdat het kan'.

Diverse malen is door ons, ook namens de stichting, gewezen op de wet- en regelgeving omtrent het instellen van een wetmatig onderzoek naar de stichting. Daarbij hebben wij voorgesteld dat de Sociale Dienst Drechtsteden het dossier zou overdragen aan het openbaar ministerie, als men dan toch zo overtuigd was van wanpraktijken. Namens het bestuur hebben wij aangegeven aan zo'n onderzoek vrijwillige medewerking te verlenen, zonder dat toestemming van de rechter nodig zou zijn. In dat geval zou het in ieder geval via de wetmatige weg gaan en zou er een serieus en objectief onderzoek worden ingesteld. Over de resultaten zouden we het dan samen kunnen hebben en het daar eens of oneens over kunnen zijn. Deze verzoeken zijn echter niet eens afgewezen, ze zijn volledig genegeerd, zelfs tot aan het management team toe. Pas recentelijk is er dan toch eindelijk een echt onderzoek uitgevoerd, maar niet door de sociale dienst, maar door een onafhankelijk accountantskantoor.

Artikel 365, Wetboek van Strafrecht
De ambtenaar die door misbruik van gezag iemand dwingt iets te doen, niet te doen of te dulden, wordt gestraft met gevangenisstraf van ten hoogste twee jaren of geldboete van de vierde categorie.

Artikel 3:3, AWB
Het bestuursorgaan gebruikt de bevoegdheid tot het nemen van een besluit niet voor een ander doel dan waarvoor die bevoegdheid is verleend.

Nog storender is het feit dat de stichting het onderwerp van onderzoek was, maar niet bij de zaak werd betrokken en dus nooit een partij is geweest. Hierdoor is het voor de stichting nooit mogelijk geweest om verweer te voeren. Wij stonden voor de rechter, maar naar ons is nooit onderzoek gedaan. De stichting was geen partij, maar werd wel 'onderzocht'. Volkomen logisch, toch? In een dictatuur wel ja. Een ambtenaar stelt een onderzoek naar een stichting in en omzeilt de verplichting om deze in rechte te betrekken door een bestuurslid onder druk te zetten. De reden waarom dit werd gedaan was omdat er geen wettelijke mogelijkheid bestond om de stichting in rechte te betrekken, aangezien er geen aanleiding was voor een onderzoek en de ambtenaar daar tevens niet toe bevoegd was. Dat is misbruik van gezag, een ambtsmisdrijf en strafbaar conform artikel 365 van het Wetboek van Strafrecht. Tevens is dit handelen niet in lijn met artikel 3.3 van de Algemene Wet Bestuursrecht, maar daar knijpen de bestuursrechters natuurlijk een oogje toe.

Natuurlijk kan hier de vraag worden gesteld hoe men dan moet verifiëren of er aan de regels wordt voldaan, om te voorkomen dat de constructie van een stichting wordt misbruikt. Dat is op zich een hele goede vraag. Er is namelijk geen wetgeving die hierin voorziet, anders dan wat er opgetekend staat in het burgerlijk wetboek. Dat betekend dat onderzoeken naar rechtspersonen door het openbaar ministerie moeten worden uitgevoerd. Mocht uit de praktijk blijken dat dit te omslachtig werkt voor gemeentes en sociale diensten, dan is de burger de laatste persoon die daar last van zou moeten hebben. In zo'n geval dient een gemeente zich te wenden tot de wetgever, met het verzoek om te voorzien in wetgeving die voldoende mogelijkheden creëert om een rechtmatig onderzoek te doen. Het is dan aan de wetgever om dat verzoek op te pakken en alle belangen, zowel die van gemeentes als van rechtspersonen, in overweging te nemen en te waarborgen in een nieuwe of aangepast wetgeving. Tot die tijd lijkt het mij niet meer dan logisch dat ook gemeentes en sociale diensten zich aan de nu geldende wetgeving houden. Een burger moet er op kunnen vertrouwen dat de volledige wet betrouwbaar is en ook wordt toegepast.

Artikel 361, Wetboek van strafrecht
De ambtenaar of een ander met enige openbare dienst voortdurend of tijdelijk belast persoon, die opzettelijk zaken bestemd om voor de bevoegde macht tot overtuiging of bewijs te dienen, akten, bescheiden of registers, welke hij in zijn bediening onder zich heeft verduistert, vernielt, beschadigt of onbruikbaar maakt, of toelaat dat zij door een ander worden weggemaakt, vernield, beschadigd of onbruikbaar gemaakt, of die ander daarbij als medeplichtige ter zijde staat, wordt gestraft met gevangenisstraf van ten hoogste vier jaren en zes maanden of geldboete van de vijfde categorie.

De aanleiding voor het opstarten van en het instandhouden van de zaak tegen ons waren de e-mails, waarvan de Sociale Dienst Drechtsteden jaren heeft volgehouden ze nooit ontvangen te hebben. Realiseer je goed dat we eerst een sanctie opgelegd hebben gekregen (beëindiging en terugvordering van alle uitkering), door de bezwarenprocedures zijn gegaan, een voorlopige voorziening hebben aangevraagd bij de rechtbank en toen pas een jaar later bij de bodemzitting te horen kregen dat men beweerde mijn e-mails nooit te hebben ontvangen. Een bewering die door de rechtbank werd geaccepteerd. Zonder het tv programma De Monitor had ik de echtheid van mijn e-mails nooit kunnen bewijzen en was ik ook in hoger beroep schuldig bevonden aan schending inlichtingenplicht, omdat niemand de burger wil geloven.

Wanneer ik de gang van zaken eens goed onder de loep leg en mijn e-mails en de ontvangstbevestigingen van de gemeente goed bestudeer, dan is daar duidelijk uit op te maken dat mijn e-mails zich ten minste op zestien verschillende plaatsen bij zeven verschillende medewerkers hebben bevonden. Wanneer er op één of twee plaatsen e-mails verdwijnen, dan is dat slordig te noemen, maar het kan gebeuren. Wanneer dat op tenminste zestien plaatsen bij zeven verschillende medewerkers gebeurd, dan geloof ik niet meer in toeval. Wanneer die e-mails ook nog eens niet zijn gearchiveerd, verwijderd zijn uit de 'verwijderde items', volledig van de server zijn gewist en van alle backups zijn gewist, dan is toeval wat mij betreft uitgesloten. Dat heeft alle schijn van opzettelijk handelen. Naar de achterliggende motivatie kan ik alleen gissen. Wellicht vonden ze bij de Sociale Dienst Drechtsteden dat men een sterkere zaak had wanneer ze konden blijven stellen dat ik nooit iets gemeld heb. Hoe dan ook, het blijft een ambtsmisdrijf.

Artikel 207, Wetboek van strafrecht
1. Hij die in de gevallen waarin een wettelijk voorschrift een verklaring onder ede vordert of daaraan rechtsgevolgen verbindt, mondeling of schriftelijk, persoonlijk of door een bijzonder daartoe gemachtigde, opzettelijk een valse verklaring onder ede aflegt, wordt gestraft met gevangenisstraf van ten hoogste zes jaren of geldboete van de vierde categorie.
2. Indien de valse verklaring is afgelegd in een strafzaak ten nadele van de beklaagde of verdachte, wordt de schuldige gestraft met gevangenisstraf van ten hoogste negen jaren of geldboete van de vijfde

categorie.
3. Met de eed staat gelijk de belofte of bevestiging die krachtens de wet voor de eed in de plaats treedt.
4. Ontzetting van de in artikel 28, eerste lid, onder 1°, 2° en 4°, vermelde rechten kan worden uitgesproken.

Wanneer een ambtenaar ter rechtszitting een verklaring aflegt, dan is dat automatisch onder ede, vanwege de afgelegde ambtenareneed. Die eed zorgt ervoor dat rechters de woorden van ambtenaren zwaarder laten meewegen. In onze zaak is niet gesteld dat de Sociale Dienst Drechtsteden mijn e-mails 'mogelijk niet ontvangen zou hebben', maar werd met de grootst mogelijke stelligheid beweerd dat de e-mails nooit door mij waren verzonden en nooit door hen waren ontvangen. Dat was echt uitgesloten. Met die verklaring heeft de betreffende ambtenaar meineed gepleegd.

Artikel 261, Wetboek van strafrecht
1. Hij die opzettelijk iemands eer of goede naam aanrandt, door telastlegging van een bepaald feit, met het kennelijke doel om daaraan ruchtbaarheid te geven, wordt, als schuldig aan smaad, gestraft met gevangenisstraf van ten hoogste zes maanden of geldboete van de derde categorie.

Het ontkennen van het verzenden, ontvangen en bestaan van mijn e-mails was niet genoeg voor de ambtenaren van Dordrecht. Daar moest nog snel even aan toegevoegd worden: "Ik wil nog even een aanvulling geven over de e-mails. Uit alles is gebleken dat meneer Prijs op ICT-gebied vaardig is. Het kan zijn dat meneer Prijs de e-mails heeft bewerkt." Daarmee is deze ambtenaar een hele grote stap verder gegaan en is het verworden tot ordinaire smaad en laster. Ze moest hoe dan ook haar gelijk halen en nog even goedkoop scoren.

Ik besef dat het wellicht een beetje saai is om al die wetten zo opgesomd te zien staan, maar door dit te doen wordt het wel enigszins visueel hoe enorm veel wetten er door gemeenteambtenaren stelselmatig worden overtreden. Niet een klein beetje, maar heel veel en willens en wetens. Omdat er toch niemand is die hen een halt toeroept. Vanwaar moet die roep komen? Maar als je dacht dat dit alles was, dan heb je het mis. Het gaat namelijk nog verder dan dit. Hoe ik weet dat het willens en wetens gebeurd? Het zijn teveel overtredingen om het in de categorie toeval te kunnen plaatsen. Er zit veel meer achter.

HOOFDSTUK 18
DEHUMANISATIE

In mijn zoektocht naar een definitie die de werkwijze van sociale diensten zou kunnen omschrijven was er één die keer op keer terug bleef komen en de lading volledig dekt. Dan hebben we het over dehumanisatie, oftewel ontmenselijking. Voordat ik verder ga wil ik hier toch wel even een disclaimer plaatsen. Natuurlijk zijn niet alle ambtenaren hetzelfde en natuurlijk zijn ook niet alle sociale diensten hetzelfde. In de verhalen die ik van mensen heb mogen horen heb ik ook positieve berichten over een aantal sociale diensten vernomen. Wanneer je dus verder leest, weet dan dat er ook sociale diensten en ambtenaren zijn die het wel netjes doen. Het is alleen zo jammer dat juist dat soort verhalen erg in de minderheid zijn. Afijn, voor de ambtenaren die dit lezen: wie de schoen past...

In de werkwijze die veel sociale diensten in Nederland toepassen lijken meerdere vormen van ontmenselijking waarneembaar te zijn. Dit komt onder andere tot uiting door het onpersoonlijk maken van processen. Het kenmerk hierbij is dan met name het ontbreken van een psychologische en sociale band tussen de uitvoerende en de betrokken partij. In diverse verhalen heb ik vernomen dat ambtenaren in hun instructies en cursussen te horen krijgen dat ze vooral niet teveel betrokken mogen raken bij hun cliënten. Er mag geen persoonlijke betrokkenheid of empathie worden getoond. Hoe meer er sprake is van een sociale band, des te moeilijker is het de cliënt uit de uitkering te gooien. Of dit bij alle gemeentes het geval is weet ik niet, maar deze signalen heb ik meermaals vernomen. Wanneer er intern wordt gesproken over cliënten, dan gaat het ook niet meer over mensen, maar over dossiers, 'problemen' of 'probleemgevallen'. Het lijkt dus dat er een weloverwogen beslissing genomen wordt om daarmee allereerst een sociale afstand te creëren, om zodoende te kunnen doen wat men van plan is te doen. Dat is immers een stuk moeilijker wanneer je je steeds realiseert dat het om mensen gaat. Dossiers voelen echter geen pijn en 'problemen' zijn er om 'opgelost' te worden.

Het feit dat zelfs sommige (voormalige) gemeenteambtenaren zich hier niet lekker bij voelen, maar zich ook niet durven uit te spreken, toont mij de hele akelige (werk)sfeer die hieromheen hangt. Ik kan me ook moeilijk voorstellen dat iedereen met een lekker gevoel naar huis kan gaan, wetende dat je die dag weer een leven hebt geruïneerd. Om dit werk te kunnen doen moet je haast wel een dichtgeschroeid geweten hebben en jezelf steeds voorhouden dat 'het maar een dossier is'. Een andere indicator van ontmenselijking is het steeds doorschuiven van 'dossiers' (lees: mensen) naar andere 'klantmanagers', een methode die wordt toegepast om die psychologische en sociale banden met cliënten te voorkomen. Dit hebben wij ook uit eigen ervaring kunnen constateren. Ook in de Drechtsteden kregen wij namelijk om de paar maanden weer een andere 'klantmanager', wat men in de Drechtsteden dan weer een 'regisseur' noemt. Daarmee wenst men de 'cliënten' duidelijk te maken dat zij absoluut geen regie meer hebben over hun eigen leven. De cliënt speelt slechts de hoofdrol, maar de sociale dienst heeft alle regie in handen.

Een praktische definitie van ontmenselijking is het bekijken en behandelen van andere personen, alsof het hen aan de mentale capaciteiten ontbreekt die normaliter van een mens verwacht mogen worden. Iedere zienswijze of handelswijze die een persoon als 'minder dan' een mens beschouwd is dehumanisatie. Door te ontkennen dat iemand bepaalde menselijke eigenschappen heeft, kunnen de hieraan verbonden rechten ontzegd worden. De mens kan daarbij worden teruggebracht tot de status van 'dossier', 'probleem' of 'probleemgeval'. Door een bepaalde groep mensen, zoals bijvoorbeeld de bijstandsgerechtigden, te beschouwen als minderwaardig, kan de prikkel tot empathie verminderd of zelfs weggenomen worden, waardoor zelfregulering niet of minder wordt toegepast. De praktische toepassing van deze handelswijze is door mensen op voorhand reeds als fraudeur te beschouwen, precies zoals ook de Belastingdienst dat deed bij de toeslagenaffaire. Natuurlijk zal deze denk- en handelswijze in beginsel in alle toonaarden worden ontkend, maar daden zeggen veel meer dan mooie woorden. Uit de praktijk blijkt keer op keer weer dat meerdere grondwettelijke vrijheden en mensenrechten simpelweg niet meer bestaan voor mensen met een bijstandsuitkering.

In de bijstand worden mensen vaak allang niet meer als mensen behandeld. Ze worden op denigrerende wijze toegesproken, als zwakzinnigen behandeld, alsof het hen aan de mentale capaciteiten ontbreekt die normaliter van een mens verwacht mogen worden. Dergelijke mensen moeten wel fouten maken en moeten de regels wel overtreden. Wie bij de sociale dienst aanklopt is immers niet gewenst op de arbeidsmarkt en moet derhalve wel met een reden afgeschreven zijn. Die mensen kunnen niks, dus eigenlijk zijn het geen gewone mensen, maar iets minder menselijke mensen. Een groep van wie je niet teveel intellect mag verwachten. Een groep waarvan de meerderheid gevoelig is voor het plegen van fraude. Een groep waar de maatschappij het liefste zo snel mogelijk vanaf wil. Dus zo gaan we ze ook behandelen. Toen ik de verhalen over de toeslagenaffaire begon te lezen schrok ik van het grote aantal overeenkomsten met de bijstandsaffaire. De hele manier van denken en handelen van de ambtenaren in de toeslagenaffaire is vrijwel identiek aan dat van ambtenaren bij de sociale diensten. Dat liet mij zien dat dit probleem nog heel veel dieper gaat en dat we nog maar het topje van de ijsberg hebben gezien. Wanneer de wijze van handelen en doen zo enorm overeenkomt, dan heeft het er alle schijn van dat ambtenaren worden opgeleid om op deze manier met dossiers (lees: mensen) om te gaan. Het probleem zit 'm dus niet in een groepje losgeslagen belastingdienstambtenaren, maar in de wijze waarop alle ambtenaren kennelijk worden gehersenspoeld, van belastingdienst tot gemeentes. De oorzaak lijkt met name in het opleidings- en cursusmateriaal voor ambtenaren te liggen. Dat is dus nog veel erger en zal er naar alle waarschijnlijkheid toe gaan leiden dat er op meerdere overheidslagen nog veel meer aan het licht zal gaan komen. Ik weet niet wie hier verantwoordelijk voor zijn, maar het lijkt mij zeker de moeite waard als een onderzoeksjournalist hier eens dieper in gaat graven.

Kwaliteitsstandaard sociale recherche/handhaving
Wanneer we kijken naar de procedure van een strafrechtelijk onderzoek, dan zien we in de eerste plaats dat hier meerdere mensen bij betrokken zijn en dat er sprake is van een vorm van toezicht. Ook wanneer de zaak uiteindelijk voor de rechter verschijnt vind er een toetsing op kwaliteit plaats. Te denken valt bijvoorbeeld aan het nagaan of het onderzoek conform de wet- en regelgeving is uitgevoerd, of de verhoren

op de juiste manier plaats hebben gevonden, of de verdachte op zijn rechten is gewezen enz. Bij het niet goed of niet voldoende naleven van de kwaliteitsstandaard, kan dit vergaande gevolgen hebben voor de afhandeling van de rechtszaak. Hoe groter de fouten die tijdens het onderzoek zijn gemaakt, des te groter de gevolgen. Wederom schokkend vond ik het te constateren dat van een dergelijke kwaliteitsstandaard totaal geen sprake is bij sociale 'recherche'/handhaving. Wanneer de zaak voorkomt bij een bestuursrechter, dan is er ook maar nauwelijks een bestuursrechter te vinden die een kritische kwaliteitscontrole op de gehele procedure zal toepassen. Alles wat de ambtenaar doet is toch wel goed. En als er al fouten worden geconstateerd, dan heeft dit nauwelijks tot geen consequenties. Het hele proces, van begin tot het einde, lijkt aan geen enkele kwaliteitscontrole onderhevig te zijn en bovendien lijkt er ook helemaal geen toezicht te zijn. Als dat toezicht er al is dan is het een vorm van toezicht die we onder de categorie 'intern toezicht' kunnen scharen en dan weet je het wel. De slager die zijn eigen vlees keurt. De gemeente heeft vastgesteld dat de gemeente haar werk goed doet. En de goegemeente zegt... 'Amen'. Hoewel ik niet kan vaststellen of er een vorm van intern toezicht is, kan ik wel met zekerheid zeggen dat van extern toezicht helemaal geen sprake is. Dat zijn echter zeer gevaarlijke taferelen, die aan corruptie onderhevig zijn.

De beste vraag die je jezelf waarschijnlijk kunt stellen is waarom er in het strafrecht een kwaliteitscontrole plaatsvindt, waarom er een Officier van Justitie is die toezicht houdt over het onderzoek en bovendien nog een rechter-commissaris die de voortgang en kwaliteit in de gaten houdt. Waarom zou de wetgever dergelijk intern en extern toezicht hebben ingebouwd? Als je die vraag kunt beantwoorden, dan is de vervolgvraag natuurlijk waarom dat onder het bestuursrecht dan volledig ontbreekt? En dat terwijl de burger juist bescherming nodig heeft tegen corrupt overheidshandelen. Dat is al helemaal van toepassing op overheidsinstanties op kleiner niveau, waar de macht al snel naar het hoofd stijgt. Waarom is de kwaliteit dan juist daar niet gewaarborgd? En waarom biedt de Algemene Wet Bestuursrecht zo'n ruime omschrijving, dat dit is verworden tot een carte blanche voor lokale overheden? Het heeft er alle schijn van dat die burgerrechten alleen maar als heel vervelend worden ervaren. Uit de praktijk blijkt keer op keer weer dat de AWB misbruikt wordt om deze te kunnen omzeilen. Nergens staan grenzen gedefinieerd hoever een ambtenaar mag gaan. Serieus, wie gaat nu de kwaliteit van die zogenaamde fraudeonderzoeken eens goed onder de loep nemen? Ik denk namelijk dat ruim de helft van die zogenaamde bijstandsfraudezaken rechtstreeks naar de prullenbak verwezen kunnen worden wanneer er kritisch naar gekeken wordt. O ja, en interne controle is geen kwaliteitscontrole. Dat is de schijn van kwaliteitscontrole ophouden. Wat dat betreft heb ik nieuws voor de meelezende ambtenaren. Jullie interne controle gelooft niemand meer. De tijd van blindelings vertrouwen is voorbij. Er is eerder een enorm wantrouwen ontstaan richting het ambtelijk apparaat. Volledig terecht ook. Aan jullie de eervolle taak om dat vertrouwen te herstellen en om integriteit te laten zien met daden. Laat de woorden voorlopig maar even achterwege. Een goed begin zou zijn wanneer de wetgever een gecentraliseerd beleid maakt waar de kwaliteit van handhavingsonderzoeken in wordt gewaarborgd. Noem het een soort checklist waaraan ieder onderzoek dient te voldoen, met als consequentie dat wanneer dit niet het geval blijkt, het bestreden besluit direct van tafel gaat. Dat zou een goed begin zijn. Alsmede het aanstellen van een externe partij die hier gedurende het onderzoek ook toezicht op houdt en in kan grijpen wanneer nodig.

Targets handhaving
Waar ik verreweg de meeste signalen over opving was het werken met targets. Hiermee werd gedoeld op de targets die handhavingsmedewerkers meekrijgen. Voor wie het nog steeds niet begrijpt, dat betekend dat handhavers te horen krijgen hoeveel fraudeurs zij minimaal dienen te pakken op jaarbasis. Persoonlijk vond ik dit wat lastig om zomaar als waarheid aan te nemen, hoewel het allemaal wel zeer aannemelijk klonk. Toch besloot ik eens op zoek te gaan om te zien of ik daar iets van onderbouwing over kon vinden. Bij die zoektocht bleek dat gemeentes extreem gesloten zijn voor wat betreft hun beleid hieromtrent. Ik stuitte onder andere op een rapport dat gepubliceerd is door de Vereniging van Nederlandse Gemeentes, met als titel 'Good and bad practices; Handhaving en Naleving Verplichtingen Participatiewet'. Hierin staat letterlijk te lezen:

"De prikkel tot het doen opleggen van boetes en maatregelen vindt mede plaats op basis van aan medewerkers opgelegde quota. Het is een uitingsvorm bij gemeenten die scherpe doelen stellen op het tegengaan van misbruik en oneigenlijk gebruik. In deze prikkel schuilt het gevaar van het niet op juiste gronden opleggen van boetes en maatregelen."

Er zijn zelfs gemeentes die *"op voorhand afspraken maken met handhavers over uitstroom, specifiek het aantal op jaarbasis te behalen intrekkingen van uitkeringen op grond van rechtmatigheid."*

Let wel, de bevindingen die hierin zijn opgenomen zijn afkomstig van gemeentes die mee wilden werken aan dit onderzoek en openheid van zaken wilden geven. De meeste gemeentes geven bij dit onderwerp echter geen openheid, waardoor het in principe gissen blijft, maar tegelijk nog veel aannemelijker wordt dat er sprake is van harde targets. Hoe summier de informatie ook is die we in dit rapport aantreffen, het is sowieso al uniek dat er überhaupt gemeentes zijn die hier uitspraken over hebben gedaan. In de procedures die wij zelf hebben moeten doorstaan heb ik met name één ding heel goed geleerd en dat is om met name te letten op wat er niet gezegd wordt. Wat we niet zien is een overweldigende meerderheid van reacties van gemeentes die aangeven NIET met targets te werken. Daarom ga ik er vanuit dat de meerderheid dit juist WEL doet. Wellicht een interessante kwestie om vanuit de lokale politiek eens op te pakken en het college op te ondervragen?

Wat is nu precies het gevaar van het werken met targets? Stel, een handhaver krijgt als target mee om in het komende kwartaal tien fraudeurs te pakken. Nu zijn er wel een aantal mensen die bezig zijn met frauderen, met dit zijn er 'maar' vijf. Dacht je werkelijk dat die handhaver dan zijn target niet gaat halen? Natuurlijk wel. Hij pikt er gewoon vijf extra (lees: mensen, gezinnen) tussenuit om toch aan de tien 'fraudeurs' te komen en haalt daarmee zijn targets, waarmee hij een goed functioneringsgesprek tegemoet kan zien. Dit is een zeer reëel scenario. En de vijf 'extra fraudeurs'? Dat zijn mensen of zelfs gezinnen (soms met kinderen) die minimaal twee tot drie jaar aan het procederen zijn om hun naam gezuiverd te krijgen en hun eigen bestaan weer veilig te stellen. Voor de handhaver heeft het verder ook geen enkele consequentie wanneer blijkt dat hij mensen ten onrechte als fraudeur heeft aangemerkt. Ingecalculeerd verlies. Kan gebeuren. Het blijft mensenwerk hè. Alleen al om die reden geloof ik de cijfers niet meer die aan zouden moeten tonen hoeveel bijstandsfraude er gepleegd zou zijn. Ik ga er dan ook vanuit dat de input gecorrumpeerd is, met als logisch gevolg dat de output een onjuiste weergave geeft van de werkelijkheid.

Het grootste issue in deze kwestie is dat je helemaal geen quota kunt zetten op handhaving. Je kunt van tevoren namelijk helemaal niet vaststellen hoeveel mensen er daadwerkelijk aan het frauderen zijn. Het aantal moet namelijk blijken uit onderzoek. Zorgvuldig onderzoek. Waar handhavers tijd en aandacht aan moeten besteden, om de kwaliteit van het onderzoek te waarborgen. Door wel targets mee te geven openen gemeentes de mogelijkheid dat mensen onterecht als fraudeur worden aangemerkt, met alle gevolgen van dien. Het zal mij niet verbazen wanneer dit veelvuldig voorkomt.

Wat mij persoonlijk opvalt is dat de handelswijze behoorlijk verschilt, tussen het strafrecht en het bestuursrecht, tussen de ene en de andere gemeente, ja zelf tussen verschillende ambtenaren binnen een gemeente. De toepassing van het bestuursrecht met betrekking tot de bijstand is volledig aan willekeur onderhevig. Je kunt gewoon niet weten waar je aan toe bent en als bijstandsgerechtigde kan op ieder moment die gevreesde brief op de mat vallen, die kan betekenen dat je binnenkort geen plaats meer hebt om die mat neer te leggen. Is dat het land waar we in willen leven? Willen we dat het beleid op deze manier wordt toegepast? Het kan natuurlijk dat wij, als Nederland, een democratisch besluit willen nemen om het voortaan op deze manier te gaan doen. Daar zou ik de grootste tegenstander van zijn, maar in een democratie is dat mogelijk. Maar als we dat dan toch gaan doen, laten we er dan in ieder geval eerlijk over zijn, wetten maken waarin dit duidelijk wordt omschreven en duidelijk aan de burger communiceren dat hij nu eenmaal bepaalde grondwettelijke vrijheden en mensenrechten inlevert wanneer hij afhankelijk wordt van de bijstand. Zolang die schijnvertoning maar ophoud en iedereen weet waar hij op kan rekenen.

Wat onze zaak betreft is er inmiddels al de nodige aandacht geweest. Allen 'leven ze met ons mee' en vinden ze de situatie 'heel vervelend voor ons', van de Sociale Dienst Drechtsteden tot aan de staatssecretaris. Het spijt me, maar met dat zogenaamde medeleven kan ik niets. Voor mij is het niets meer dan een schijnvertoning. Het deed mij denken aan een uitspraak die ik ooit eens tegenkwam:

"Ik zit op de rug van een man, laat hem stikken en laat hem mij dragen. Toch verzeker ik mezelf en anderen ervan dat ik heel erg veel medelijden met hem heb en zijn lot met alle mogelijke middelen wil verlichten. Behalve door van zijn rug af te komen."

Ben ik schuldig en is het label van fraudeur terecht? Is het oordeel van intrekking en terugvordering van onze bijstandsuitkering terecht? Verdienen wij het om op de straat te leven, zonder inkomen, zonder het recht om te mogen werken in ons eigen land, zonder toekomst, zonder zorgverzekering, als een nog grotere last voor de samenleving? En is het allemaal proportioneel? Het antwoord op die vragen laat ik aan jou. Ik kan je slechts mijn weergave van de feiten geven, maar wat voor conclusie daaraan verbonden zou moeten worden laat ik in het midden.

HOOFDSTUK 19
NIET ONZE VIJAND

Jaren geleden maakte ik deel uit van een Charismatische kerk in Rotterdam. De voorganger van die kerk zei altijd dat je in iedere situatie een keuze hebt. Wordt je er bitter of beter van? Het kan maar één van die twee opties zijn. Dat is zo'n uitspraak die je bijblijft. Toen ik in deze situatie terecht kwam ben ik er eerst behoorlijk bitter van geworden. Niet zolang daarvoor had ik zelf nog gepreekt over hoe ieder mens in staat is tot iedere vorm van kwaad, afhankelijk van de situatie waarin je je bevind. Je leert jezelf pas echt kennen en weet pas echt wat er in je hart omgaat wanneer je in moeilijke situaties terecht komt en onder druk komt te staan. Wat ik aantrof in mijn eigen hart was niet zo geweldig. Ik kon de betrokken ambtenaren wel vermoorden. Letterlijk. Er was een haat in mij die ik niet eerder gekend heb. Tegelijk besefte ik me dat deze gedachten nou niet bepaald bij een Christen horen. Wat dat betreft kan ik wel zeggen dat ik mezelf heb leren kennen en dat ik diep van binnen gevoelens constateerde die daar niet meer zouden moeten zijn. In het kader van 'practice what you preach' – vrij letterlijk in mijn geval – besloot ik om toe te passen wat ik zelf aan anderen had onderwezen. Ik ging op mijn knieën en vroeg Jezus om mijn boosheid en haat jegens die mensen weg te nemen en om mij Zijn hart voor deze mensen te geven. Een hart van bewogenheid en liefde. Tegelijk maakte ik de bewuste keuze om alle betrokken ambtenaren te vergeven. Dat was een lange strijd, maar wel een strijd die ik heb gewonnen.

In de afgelopen jaren heb ik een duidelijk onderscheid weten te maken tussen het systeem, met haar beleid, en de mensen die het ten uitvoer brengen. Ook de Bijbel leert dat onze strijd niet gericht is tegen mensen, dus mijn strijd moet ook niet gericht zijn op een medemens. Na alles wat wij hebben moeten doorstaan zou het heel makkelijk zijn om vanuit een houding van haat te leven en om wraak te zoeken. Daar is echter geen sprake meer van. Naar alle eerlijkheid kan ik nu eindelijk zeggen dat ik bewogenheid voel voor de mensen die ons kwaad hebben gedaan. Als ik één van hen ergens tegen zou komen en zou zien dat zij in de problemen zitten, dan zou ik geen moment aarzelen om de helpende hand toe te steken. Dat wil niet zeggen dat ik hun gedrag goedkeur. Het wil ook niet zeggen dat ik niet boos ben op dit beleid en de verschrikkelijke toepassing ervan, maar het wil wel zeggen dat ik een onderscheid maak. Geen enkel mens is mijn vijand. Geweld heeft nog nooit iets opgelost. Als je dan toch boos bent en daar uiting aan wil geven, richt die boosheid dan op het beleid. Natuurlijk moeten ambtenaren die zich schuldig hebben gemaakt aan het begaan van ambtsmisdrijven wel verantwoordelijk worden gehouden, maar dan wel via de wettelijk weg. Ook al komen ze er vrijwel altijd mee weg. Vanuit onszelf moeten wij ervoor blijven kiezen om de mensen te vergeven. Wanneer we dat namelijk achterwege laten, dan krijgt bitterheid de kans om wortel te schieten in ons hart. Daar wordt je zelf ook niet echt een gezelliger of beter mens van. Zoals iemand het eens zo mooi omschreef, niet vergeven is als zelf een fles vergif opdrinken en hopen dat iemand anders sterft. Vergeving maakt ons beter en geeft ons de kans om de bitterheid achter ons te laten. Onze wapens zijn dan ook geen fysieke wapens.

"Een man doet wat hij moet - ondanks persoonlijke consequenties, ondanks obstakels en gevaren en onderdrukking - en dat is de basis van alle menselijke moraliteit."
- **Winston Churchill**

Het hoogste wat ik wil bereiken is dat alle praktijken die tot op heden heimelijk in het verborgene hebben plaatsgevonden in het licht worden geplaatst en dat niets in het verborgene achterblijft. Je zult vast al wel hebben vastgesteld dat dit geen onderzoeksrapport is en daar is dit boek ook niet voor bedoelt. Het is echter wel mijn hoop dat dit boek voldoende mensen, zowel journalisten als politici, genoeg informatie heeft gegeven om te weten in welke richting ze verder kunnen zoeken. Er is namelijk nog veel te vinden. Heel veel. Aan hen de eer om daar verder iets mee te doen. Wat mijn bijdrage aan de bijstandsaffaire betreft eindigt het hier. Ik ben dan ook niet van plan om kruistochten tegen landelijke of lokale overheden te organiseren. Dat zie ik niet als mijn roeping. Mijn grootste zorg is de enorme hoeveelheid mensen die door dit soort praktijken gedupeerd zijn. Die groep mensen zie ik als een deel van mijn roeping. Om hen een boodschap van hoop te geven. Om hen te laten weten dat hun zaak geen 'incident' is en dat ze niet alleen staan. Ook al worden deze mensen als een last voor de maatschappij beschouwd, als een groep mensen waar de meeste mensen op neerkijken, ik schaam mij er niet voor om juist naar hen om te zien. Voordat je gaat roepen dat deze groep best tomaten kan gaan plukken zou je er wijs aan doen om je eigen hart eens te onderzoeken om te kijken of daar nog wat menselijkheid in terug te vinden is. Vandaag kun je een mooie baan hebben, maar niet garandeert dat dat zo blijft. Om het maar weer met de woorden van Winston Churchill te zeggen: "Succes is niet voor altijd, mislukking is niet het einde: het is de moed om door te gaan wat telt." Iedereen kan in de bijstand belanden. Jij bent geen uitzondering. Niemand weet wat de toekomst gaat brengen. Toen ik jaren geleden meer dan een ton per jaar naar binnen harkte had ik nooit kunnen verwachten dat ik in 2021 dit boek zou gaan schrijven en al deze ellende achter mij zou hebben liggen. De vraag die je jezelf moet stellen is of dit de wijze is waarop jij behandeld zou willen worden, wanneer jij met een sociale dienst te maken krijgt. Het is voor die groep gedupeerden dat ik staande ben gebleven, door ben gegaan in alle processen en alle mogelijke middelen heb ingezet. Al is het alleen maar om de nodige jurisprudentie te creëren, waar anderen op verder kunnen bouwen.

Ik wilde dit boek eindigen met de woorden dat ik geen hoop meer heb in Nederland. Niet in deze samenleving, niet in het rechtssysteem en niet in de overheid. Maar toon schoot mij een gebeurtenis te binnen. Het was een mooie zonnige dag geweest en het was inmiddels het begin van de avond geworden. Het was eind 2018 en ik stond langs een straat in Zikhron Ya'Aqov van het uitzicht te genieten. Dat is een plaats in Israël, aan het begin van het Karmelgebergte. Zoals ik eerder al beschreef waren wij daar om vrijwilligerswerk te doen, tegen kost en inwoning. Dat bood ons een tijdelijk onderkomen, een manier om te overleven en tegelijk konden wij van betekenis zijn voor een aantal Holocaustoverlevenden, wat ik als een eer beschouwde. Terwijl ik daar stond dacht ik na over de onmogelijke situatie waar wij in terecht waren gekomen. Natuurlijk was het heel bijzonder om daar te zijn, maar tegelijk werd het ook zo pijnlijk duidelijk dat er voor ons geen plaats was om naartoe terug te gaan wanneer dit weer voorbij zou zijn. Wat had ik nog in Nederland te zoeken? Tegelijk realiseerde ik me dat wanneer ik dit niet zou aanpakken en alle juridische wegen zou bewandelen, dat we dan voor de rest van ons leven op de vlucht zouden zijn en dat de jurisprudentie zou gaan worden gebruikt om mensen in soortgelijke situaties te grazen te nemen. Ik weet heel goed dat ik niet alle wijsheid in pacht heb, dus waar zou ik moeten beginnen om alleen al ons eigen leven weer terug op te bouwen? Alles was verwoest. Er was gewoon geen hoop meer.

Terwijl ik zo stond na te denken zag ik een oude man langzaam aan komen lopen. Hij liep enigszins gebogen en leunde bij iedere stap op zijn stok. Mijn inschatting is dat hij zeker in de negentig moet zijn geweest. Toen hij vlakbij mij liep stopte hij en keek me vriendelijk glimlachend aan. "Russki?", vroeg hij. Ik schudde mijn hoofd. Ik spreek geen Russisch. Hij keek even naar de grond en vroeg toen: "Ivrit?" Maar ook het Hebreeuws spreek ik niet goed genoeg. "Jiddisch?", vroeg hij toen. Toegeven, hij hield wel vol, maar ik spreek ook geen Jiddisch. Opeens wist hij het. "Deutch?", vroeg hij lachend. Dat spreek ik dan wel weer redelijk. Direct begon hij een praatje te maken en vertelde dat hij vroeger een bekende arts was en dat hij dat werk altijd met veel plezier had gedaan. Maar wat zo opmerkelijk was was dat hij mij op een bepaald moment strak aankeek, met zijn trillende vinger in mijn richting wees en zei: "Je mag de hoop nooit opgeven! Als je de hoop verliest, dan verlies je alles." Dit gezegd hebbende groette hij nog kort en vervolgde zijn weg weer, mij verbluft achter zich latend.

Regelmatig herinner ik mezelf aan die man en zijn advies. Een man die zoveel heeft meegemaakt, een oorlog heeft overleefd en daarna toch een leven heeft weten op te bouwen. Gedurende de oorlog waren alle kansen tegen hem gekeerd, maar hij gaf de hoop niet op en wachtte geduldig af tot hij zijn kans kon grijpen. Toen de geallieerden Europa hebben bevrijd zag hij zijn kans en heeft die niet onbenut gelaten. Als iemand zoals hij dat kan, onder die omstandigheden, wie ben ik dan om op te geven?

Tja, nu je hier toch bent aanbeland ga ik je toch iets over God vertellen. Op dit punt kun je het boek dus nog snel dichtdoen. Het is moeilijk om te zwijgen over Jezus wanneer Hij de reden is waarom ik nog leef. Als ik naar de gebeurtenissen in mijn leven kijk dan had ik allang op moeten geven. Mocht je daar meer over willen weten, dan kun je mijn boek

'Nooit meer leven in de leugen' ook lezen. Daar vertel ik met name over hoe ons vaak leugens voor worden gehouden over wie we wel en niet zouden kunnen zijn. Uiteindelijk ligt die keuze toch altijd bij onszelf. Er is namelijk altijd hoop, ook al voelt dat niet altijd zo.

Een paar weken geleden, in januari 2021, was ik in gesprek met een man en hadden we het over de situatie waar wij op het moment van dit schrijven nog steeds in zitten en over het Christelijk geloof in het algemeen. Hij liet mij weten dat hij het allemaal maar bedrog vond, dat hele Christelijke geloof. Hij geloofde dan ook niet in onverklaarbare genezingen. Pas op het moment dat hij het met eigen ogen zou kunnen zien, bij iemand die hij persoonlijk kent en waarvan hij weet dat ze echt ziek zijn, en wanneer hij die vervolgens opeens zou zien genezen, pas dan was hij bereid te geloven. Met een scherpe blik keek hij mij aan, in de verwachting dat ik hem tegen zou gaan spreken. Kennelijk verraste mijn antwoord hem, want ik vertelde hem dat dat helemaal niet erg is. De Bijbel leert ons immers dat wonderen en tekenen dienen tot overtuiging van de mensen die nog niet geloven en nog zoekende zijn. Persoonlijk heb ik met eigen ogen vele onverklaarbare wonderen en tekenen mogen zien, zoals bijvoorbeeld genezingen. Maar dat zijn mijn ervaringen en ik weet dat God een ieder zijn of haar eigen ervaring wil geven. Ik geloof ook niet dat het goed is om je leven puur en alleen op de ervaringen van anderen te baseren. Natuurlijk kunnen alle getuigenissen een startpunt zijn, maar uiteindelijk gaat het toch altijd over het vinden van een eigen persoonlijke ervaring met God. Toen vervolgde hij zijn verhaal en vertelde hoe hij regelmatig met Christenen te maken heeft gehad die hem allerlei soorten wetten en regels probeerden op te leggen. Het gedrag van deze mensen en de wijze waarmee ze op hem neerkeken bleek voor hem nou niet echt uitnodigend te zijn om op zoek te gaan naar meer over God. Ik liet hem weten dat ik hem dat niet eens kwalijk kon nemen. Ook in mijn persoonlijke ervaring zijn er helaas veel Christenen die God op een hele hypocriete wijze vertegenwoordigen. Ik kan het weten, want ik behoorde daar ooit ook toe. Mij verrast het helemaal niets dat de kerken in de afgelopen decennia zo leeg zijn gelopen. Het doet mij pijn dat mijn God op zo'n vreselijke wijze is vertegenwoordigd dat mensen hebben besloten om weg te vluchten.

Deze man keek mij strak aan en vroeg mij: "Maar eh, als jij dan een God hebt en als Hij dan echt bestaat, hoe kan het dan dat jij in deze ellende zit en dat Hij niks doet om je te helpen?" Op zo'n vraag kun je natuurlijk wachten en het is overigens ook een hele terechte vraag. Die vraag is het gevolg van een heel verkeerd beeld van het Christendom, dat door de eeuwen heen door de kerk is neergezet. Eeuwenlang werd mensen voorgehouden dat Christenen perfecte mensen zijn en dat het hen altijd goed vergaat, omdat een 'ware Christen' een door God gezegend leven leeft. De waarheid is echter dat echte Christenen helemaal geen perfecte mensen zijn. Wie Jezus wil volgen moet allereerst beseffen dat echte verandering vanuit het hart moet komen, niet van buitenaf, door opgelegde wetten en regels. Die wetten en regels kun je wellicht deels houden en misschien lukt het nog wel om de schijn op te houden ook, zoals zovelen hebben gedaan en nog steeds doen. Maar juist die groep mist waar het geloof werkelijk om gaat. Een ware volgeling van Jezus beseft dat hij onvolmaakt is, maar een volmaakte God heeft. Een God die niet verwacht dat we Zijn wetten en regels kunnen houden, maar Die van ons vraagt om onze onvolkomenheden aan Hem over te geven, zodat Hij ons van binnenuit kan veranderen. Dat is het punt waar het interessant begint te worden, want pas dan begin je te constateren dat je leven aan het veranderen is en dat dat niets met jouw inspanningen te maken heeft. Een ware volgeling van Jezus kenmerkt zich dan ook niet door het gebrek aan fouten, maar door hoe hij daarmee omgaat en door hoe hij hierop reageert.

Dat het een Christen altijd goed vergaat is niet alleen een fabeltje, het staat ook niet in de Bijbel. Feitelijk geeft de Bijbel zelfs een heel ander beeld. Hoe dichter je naar God toegroeit, des te meer je te maken zult krijgen met onderdrukking en vervolging. Natuurlijk zal er ook zegen zijn, maar zelfs Jezus heeft vrij duidelijk gemaakt dat het leven als Christen niet eenvoudig zal zijn en dat Christenen te maken zullen krijgen met vervolgingen. Dat kun je bijvoorbeeld in het volgende gedeelte zien.

Voorwaar, Ik zeg u: er is niemand die huis of broers of zusters of vader of moeder of vrouw of kinderen of akkers verlaten heeft omwille van Mij en om het Evangelie, of hij ontvangt honderdvoudig, nu in deze tijd, huizen en broeders en zusters en moeders en kinderen en akkers, met vervolgingen,

en in de wereld die komt, het eeuwige leven. Maar veel eersten zullen de laatsten zijn, en veel laatsten de eersten.
Markus 10:29-31

De geschiedenis heeft ook laten zien dat het plaatje van een Christen zonder zorgen en problemen onjuist is. Zeker in de eerste paar eeuwen van het bestaan van de kerk werden Christenen actief vervolgd. Ze werden opgepakt, gevangen gezet, gemarteld, levend verbrand, onthoofd, voor de leeuwen gegooid en ga zo maar even door. Om maar een voorbeeld te geven. Dat doe je niet slechts voor een mooi verhaal. Die mensen hadden iets bovennatuurlijks ontvangen dat zo kostbaar voor hen was, dat zij liever hun leven opgaven dan te voldoen aan de eis om hun geloof op te geven. Het feit dat veel kerkgangers vandaag de dag een probleemloos leven hebben zegt meer over de staat van hun geestelijk welzijn dan wat dan ook. Als je jezelf een Christen noemt en altijd een probleemloos leven hebt gehad, dan moet je je serieus afvragen of je wel op de juiste weg zit. Wie Jezus wil volgen krijgt altijd te maken met problemen, vervolgingen en verdrukkingen. En toch is Hij al die problemen, vervolgingen en verdrukkingen waard. Juist onder druk leren we onszelf kennen en ontstaat er ruimte om verder te groeien.

Die bovennatuurlijke persoonlijke ervaring met God kun jij ook ervaren. Een makkelijk leven wordt je niet beloofd, maar ik kan je zeggen dat Jezus een diepe leegte op zal vullen en dat Hij ware en blijvende vrede geeft. Hij stelt je in staat om door de meest duistere periodes van het leven te gaan, door moeilijke tijden in deze wereld, terwijl de vrede blijft en Hij je door alles heen zal helpen. Maar nog veel mooier is de belofte die Hij heeft gegeven, dat wij aan het einde van ons leven naar Hem toe mogen gaan en bij Hem mogen zijn, buiten de gevangenis van de tijd. Als God toch niet bestaat, dan heb je niets te verliezen. Maar als Hij wel bestaat, dan heb je alles te winnen. Dit is een kwestie van leven en dood.

Dit alles heb ik ook uitgelegd aan de man met wie ik in gesprek was, samen met een advies. Een advies wat ik jou ook ga meegeven. Het is niet erg als je nog niet alles kunt geloven. De echte vraag is of je werkelijk wil weten of God bestaat of niet? Als je dat namelijk echt wil weten, dan is mijn eerste advies om alles wat je ooit over God hebt geleerd te vergeten. Vergeet alles en zeg gewoon tegen Hem: "Jezus, als U werkelijk bestaat, dan wil ik U leren kennen. Ik vraag U om mij een openbaring te geven van Uzelf." En geef niet op dat te vragen. Blijf Hem die vraag stellen, zonder op te geven. En als je dan toch bezig bent, lees één van de eerste vier boeken van het Nieuwe Testament in de Bijbel eens en laat God daardoor spreken. Klinkt dat wazig? Wellicht, maar het zal niet wazig blijven. Als je die vraag aan Jezus stelt en de Bijbel gaat lezen, vanuit een oprecht verlangen om erachter te komen of Hij echt bestaat of niet, dan zul je vinden wat je zoekt en zal Hij Zichzelf aan jou openbaren.

Misschien ben je Christelijk opgevoed, maar doe je niets meer met het geloof. Het is nog steeds niet te laat om op zoek te gaan. Misschien zit je al jaren in de kerk maar heb je nog nooit een persoonlijke ervaring met Jezus gehad. Ook dan kun je dit advies toepassen en zul je zien dat Jezus veel meer is dan alleen een mooi verhaaltje op een dun papiertje in de Bijbel. Luister, wanneer het alleen maar zou gaan om het volgen van een stel regels, dan zou het niet meer dan een dodelijk saaie religie zijn. Daar bedank ik ook voor. Velen vinden Hem niet, omdat ze Hem niet werkelijk willen vinden. Vanaf het moment dat je die vraag gaat stellen, of Hij Zichzelf aan jou wil openbaren, zal Hij Zelf je hart toetsen. Hij weet wat je denkt en wat er in je hart leeft. Wanneer de woorden die je spreekt in lijn zijn met wat er leeft in je hart, dan zul je ontvangen waar je om gevraagd hebt. Nu klinkt dat misschien nog vaag, maar zodra jij dit persoonlijk ervaren hebt zul je volkomen begrijpen wat ik bedoel.

Wil je meer weten? Wil je zien waar al die commotie om te doen is geweest? Dan nodig ik je uit om de website van Stichting LoveUnlimited Ministries te bezoeken. Die kun je vinden op:

www.love-unlimited.nl

Dit boek is geen uitgave van de stichting, maar door mij, op persoonlijke titel, gepubliceerd.

BRIEF AAN ZIJNE MAJESTEIT DE KONING

Zoals velen zich wellicht nog kunnen herinneren heeft Zijne Majesteit de Koning bij zijn inhuldiging een eed afgelegd. Deze luidde als volgt:

Ik zweer aan de volkeren van het Koninkrijk dat Ik het Statuut voor het Koninkrijk en de Grondwet steeds zal onderhouden en handhaven.

Ik zweer dat Ik de onafhankelijkheid en het grondgebied van het Koninkrijk met al Mijn vermogen zal verdedigen en bewaren; dat Ik de vrijheid en de rechten van alle Nederlanders en alle ingezetenen zal beschermen, en tot instandhouding en bevordering van de welvaart alle middelen zal aanwenden welke de wetten Mij ter beschikking stellen, zoals een goed en getrouw Koning schuldig is te doen.

Zo waarlijk helpe Mij God almachtig!

Maar hoe krijgt dit vorm in de praktijk? Gezien de ontstane situatie besloot ik de proef op de som te nemen en schreef ik een brief aan Zijn Majesteit de Koning. Alle ondernomen acties waren immers 'in naam der koning' ten uitvoer gebracht. Op maandag 19 oktober 2020 stelde ik mijn brief samen, waarin ik allereerst een samenvatting heb gegeven van wat je in dit boek hebt kunnen lezen, gevolgd door het volgende:

Wij zoeken geen wraak want wij weten dat de wraak en het uiteindelijke oordeel aan God toekomt. Tevens blijven wij ervoor kiezen om vanuit een houding van vergeving te leven, ook al is dat bij mij soms een rationele keuze en niet vanuit mijn gevoel. Onze God draagt ons op om ons aan de overheid te onderwerpen en om te bidden voor ons koningshuis en de regering, dus dat blijven wij ook doen. Wij blijven onvoorwaardelijk achter onze overheid staan, ook al staan wij alleen en ook al staat die overheid niet achter ons. Wel willen wij ons op u beroepen, om de waarheid boven tafel te kunnen krijgen en een bestaan in ons vaderland weer mogelijk te maken.

Alle hiervoor omschreven gebeurtenissen zijn ons in uw naam aangedaan en opgelegd, onder uw gezag en autoriteit als koning. Natuurlijk begrijp ik dat u geen inhoudelijke kennis kunt hebben van alles wat er in uw naam gebeurd en willen wij ook benadrukken dat dit geen aanklacht jegens u is, maar slechts een schrijven om u kennis te laten nemen van wat men ons in uw naam heeft aangedaan. Wanneer dit namelijk niet tot een oplossing kan komen, dan is een toekomst in Nederland niet langer mogelijk voor ons. Ik weiger namelijk om de rest van ons leven een boete te gaan betalen voor het uitoefenen van wat mijn grondwettelijke vrijheden hadden moeten zijn. In dat geval zien wij ons genoodzaakt om buiten Nederland en buiten Europa asiel te moeten aanvragen, op basis van religieuze vervolging in Nederland. Hoewel dat een oplossing kan zijn, zou het tevens ook bijzonder pijnlijk zijn om het land te moeten verlaten waarvoor mijn oudoom zijn leven gegeven heeft en om onze familie en vrienden achter te moeten laten.

Eerder deze week zei mijn vrouw dat wij altijd ons best hebben gedaan om op te komen voor de zwaksten in onze samenleving, waarop ze mij vroeg wie er nu voor ons opkomt in deze situatie? Ik kon haar die vraag niet beantwoorden. Het juk dat ons in uw naam is opgelegd is zo zwaar dat wij erdoor verpletterd worden. Daarom vraag ik u, in alle nederigheid, om ons genadig te zijn en om ons recht te verschaffen.

Hierna volgt het antwoord op dat schrijven.

Datum: 25 november 2020
Kenmerk: REK2020001580

Geachte heer Prijs,

Op verzoek van Zijne Majesteit de Koning bevestig ik u de ontvangst van uw brief van 19 oktober 2020.

In verband met de in het Nederlands staatsrecht vastgelegde ministeriële verantwoordelijkheid is uw brief ter behandeling overgedragen aan de staatssecretaris van Sociale Zaken en Werkgelegenheid, die uw brief zal beantwoorden.

Ik vertrouw erop u voldoende geïnformeerd te hebben.

Directeur van het Kabinet van de Koning,
voor deze,
naam afgeschermd

Datum: 10 december 2020
Betreft: Verzoek om hulp
Onze referentie: 2020-0000162814

Geachte heer en mevrouw Prijs,

Uw brief aan Zijne Majesteit de Koning is door het Kabinet van de Koning aan mij voor beantwoording overgedragen. In uw brief vraagt u aandacht voor de beslissing van de gemeente om bijstand van u terug te vorderen.

Uit uw brief begrijp ik dat u verschillende activiteiten niet bij de gemeente heeft gemeld. De gemeente heeft geoordeeld dat u daardoor niet heeft voldaan aan de inlichtingenplicht. Deze plicht is er om te waarborgen dat de gemeente steeds tijdig kan oordelen over (de voortzetting van) het recht op bijstand. Ik kan mij voorstellen dat de beslissing van de gemeente over de terugvordering van bijstand voor u verstrekkende gevolgen heeft. Hoewel ik alle begrip heb voor uw hulpvraag kan ik daar niet aan voldoen; ik ben daartoe namelijk niet bevoegd.

U schrijft dat door tussenkomst van de Nationale Ombudsman het gesprek tussen u en de gemeente weliswaar op gang is gekomen, maar dat de terugvordering van de schuld hiermee niet is komen te vervallen. De Nationale Ombudsman oordeelt inderdaad alleen over gedragingen van de gemeente en mag zich – net als ik – niet mengen in inhoudelijke beslissingen. Alleen de onafhankelijke rechter is bevoegd te beslissen over inhoudelijke beslissingen van de gemeente. Het indienen van bezwaar bij de gemeente en het instellen van beroep bij de rechter is wel aan termijnen gebonden. U kunt zich over de rechtsmiddelen die er voor u openstaan het beste juridisch laten adviseren, bijvoorbeeld door het Juridisch Loket, via telefoonnummer 0900-8020. Het advies is gratis.

Ik kan niet aan uw verzoek om inmenging voldoen, maar ik hoop wel dat ik u hiermee voldoende informatie heb gegeven. Ik wens u het beste toe.

Met vriendelijke groet,
de Staatssecretaris van Sociale Zaken en Werkgelegenheid
namens deze, **naam afgeschermd**

www.ingramcontent.com/pod-product-compliance
Lightning Source LLC
Chambersburg PA
CBHW020658220526
45464CB00001B/482